アドラー心理学×幸福学でつかむ!

幸せに生きる方法

WELL-BEING

平本あきお　前野隆司

ワニ・プラス

まえがき

幸せに生きるための人類の知恵を100年分詰め込んだ本が、できました！

精神科医で心理学者、社会理論家だったアルフレッド・アドラー先生が生きたのは、1870年から1937年。つまり、アドラー心理学は、ざっと100年前の心理学・哲学です。一方、この本の共著者である平本あきおさんは1965年生まれ、僕は1962年生まれですから、本書の著者はアドラー先生から約100年後を生きた2人です。

本書が完成した今、振り返ってみると、本書は、共著者2人とアドラー先生による時代を超えた3人の共同作業でした。そのことを、僭越《せんえつ》ながら誇りに思います。

この本を手に取ってくださった方々に、僕の3つの思いをお伝えしたいと思います。3つの思いは、本書の3つの特徴でもあります。

1　アドラー心理学と幸福学を俯瞰《ふかん》しわかりやすく対応づける本であること
2　わかりやすく役に立つ実践例を伝える本であること
3　平本さんと僕から心を込めてみなさんに贈る本であること

1つめは、アドラー心理学と幸福学を俯瞰しわかりやすく対応づける本であること。つまり、100年前からのアドラー心理学と現代の幸福学を結びつけながら学ぶことのできる初めての本です。

平本さんはアドラー心理学のエキスパート。僕は、現代の心理学である幸福学（ウェルビーイング・スタディ）の研究者。この2人のやり取りの絶妙さをお楽しみいただきながら、幸せに生きることについての理解を深めていただきたいと思います。

はっきり言って、アドラーの頃の心理学と現代の心理学は異なります。当時はコンピュータもない頃で、心理学は哲学の一分野でした。一方で、現代の実証主義的な心理学は、科学の一分野です。

その違いの一例を挙げると、アドラーの共同体感覚というのは哲学であり、これが正しいか間違っているかを現代の心理学によって科学的に検証するような範疇《はんちゅう》のものではない、と言うことができます。

だから、アドラー心理学と現代の実証主義的心理学を対応づけようとするような困難に挑む本はこれまでにありませんでした。本書は、そんな壮大な課題に果敢に挑んでいます。と言うとすごいことのようですが、実のところは、僕が平本さんにアドラー心理学と現代心理学の共通点と違いについてしつこく何度も問いただすことによって、その点が明確になっていくという仕掛けになっています(笑)。

現代の心理学は実証主義的な科学だと述べましたが、詳細まで見ていくと一枚岩ではありません。現代の心理学のうち、臨床心理学は、少し違った傾向を持った分野です。臨床心理学では、科学的な真理を明らかにすることよりも、患者を治す(ないしは、人をより良い状態にする)ことを重視する傾向があります。

アドラー心理学は、現在の臨床心理学の源流の1つに位置づけられます。このような位置づけも、本書では、アドラー心理学と現代実証主義的心理学の比較の中から、明らかになっていきます。学問分野についての理解が進むことも、本書の醍醐味《だいごみ》の1つと言っていいでしょう。

本書の中で何度も出てきますが、「アドラー心理学は正しいことよりも患者を治すことに重点を置いた心理学である」という点は、目から鱗《うろこ》です。この点は、アドラー心理学を学ぶ方には必ず押さえておいてほしいと思います。

それから本書では、俯瞰的な視点からアドラー心理学と現代の心理学を対応づけているという点にも、ぜひご注目ください。

じつは、僕はこれまでに何冊もアドラー心理学に関する書籍や文章を読んできましたが、なんだかややこしくてわかりにくい印象を持ってきました。もちろん、これは僕の理解不足によるものですが、なぜわかりにくいのでしょう？　それは、アドラー心理学が多くの要素から成り立っているからだと思います。

ある人は「目的論」こそがアドラーの醍醐味だと言います。読んでみると、確かに目的論は面白い。「子どもが泣くのは悲しいからではなく、お母さんの気を引くという目的のため」と説明されると、またまた目から鱗です。アドラー心理学は、現代の心理学では見たこともないような新たな視点をもたらしてくれます。アドラー心理学、すごい。そう感じさせてくれます。

しかし他の本を読むと「共同体感覚」こそが重要だ、人は皆、共同体感覚を持っていて、それを思い出していない人もいるが、思い出していけば幸せになっていくと書かれています。わかる〜。共同体感覚の要素と言われている自己受容、他者信頼、貢献感の3つも、よくわかります。身に染みます。僕が提唱している幸せの4つの因子(36ページ参照)とも整合します。やはり人間が幸せになるために重要なのは、自分と、まわりの仲間と、世界の生きとし生けるものが、一緒に生きていることだよね〜、と共感します。100年前にこれを論じたアドラー、尊敬します。すごい。

またまた他の本を読んでみると、「勇気づけ」(エンカレッジ＝encourage)と「勇気くじき」(ディスカレッジ＝discourage)の対比がアドラーの真髄だと書かれています。勇気づけと勇気くじきという和訳はなんとなく特殊な感じもしますが、エンカレッジが必要なことはよくわかります。やはり、叱るのではなく、褒めるのでもなく、エンカレッジだよね〜、と共感します。アドラー、すごい〜。

しかし、アドラーについて知れば知るほど、いろいろあるけれど「要するにアドラー心理学って何なの?」という疑問が湧いてきて、なんだかもやもやした想いが残っていたものでした。

これに対し、平本さんは、わかりやすく全体像を示してくださいました。

く〜。この図ですよ、この図。さすが、アドラー心理学研究のエキスパート。この図こそ、アドラーを学ぶすべての人が学んでおくべき、アドラーの全体像です。この本の読者の方には、この図を、徹底的に、頭に刻んでいただきたいと思います。というか、読んでいくうちに、間違いなく刻まれます。

僕もそうでした。頭の中に、アドラーのフレームワークが叩き込まれることによって、心の問題への対処法が明確に整理されました。ご安心ください。この図はバリエーションも含めると、本書の中でしつこいほど何度も出てきます。本書を熱心に読んでいただければ、自然とこの図は頭に入っていくことでしょう。

僕も、この図が頭に叩き込まれてからは、他の本や論文で述べられているアドラー心理学がスイスイと理解できるようになりました。なるほど、勇気づけ、目的論、共同体感覚は、ここにこういう理由で配置されているのね、という全体俯瞰的な理解ができるようになりました。アドラー先生と平本さん、ありがとうございます。

僕はもともと俯瞰の好きな研究者でして、幸せの4つの因子の研究なども、そんな僕の特徴を表しています。一方で、多くの研究者は「広く浅く」よりも「深く狭く」を好む傾向があります。俯瞰よりも、詳細。幸せ(ウェルビーイング)の研究者も同様で、みなさん、深く狭く真理を追究されます。

たとえば、幸福学研究の第一人者であったエド・ディーナー先生(1946~2021年)もホームページの連絡先の部分に以下のように書かれていました。

ディーナー博士の研究は基礎科学的レベルにあります。したがって、彼の仕事の多くはテクニカルであり、「幸せになる方法」に容易に翻訳できるものではありません。ディーナー博士は幸福について彼が知っていることに関して議論する意欲はありますが、彼がデータを持っていない問題について推測することは望みません。
(https://eddiener.com/contact)

幸福学の第一人者で「ドクター・ハピネス」とも称されるディーナー先生が「自分の研究は科学的かつテクニカルであり、どうすれば幸せになれるかという問いは私のやりたいことの範疇外である」と明記されている点に、現代実証主義的心理学者の典型的な立場が表明されていて面白いですね。

もちろん、アドラーは逆の立場。僕もそうです。僕はもともと工学系出身で、博士号の学位名は博士(工学)。工学とは、科学の成果を役に立つ形で応用する学問。だから、幸福学の全体像をわかりやすくまとめ、使いやすい形にして提供することに興味があるのです。ポジティブ心理学と呼ばれる分野も同様です。実践の心理学であり臨床心理学がルーツであることもあって、ポジティブ心理学の研究者も実践的であることを重視すると言えるでしょう。

話を戻しましょう。以上のような理由により、100年前のアドラーの考えを明確化し発展させたアドラー心理学の全体像と、僕がおこなっている幸福学の全体像は、似ている面があります。

僕が因子分析の結果求めた、幸せの4つの因子とアドラー心理学のどこが対応しているのかについては本文中に述べましたので、謎解きをぜひお楽しみください。一方、もっとも異なる点は、アドラー心理学は哲学ですが、僕の心理学は科学であるという点だと思います。

アドラー心理学は、全体像を示した図にあるように、まず、共同体感覚という哲学が基盤にあって、その上に理論と技法が展開されています。

僕の幸せの4つの因子は、統計学に基づいた分析結果であって、これについて考察した結果、「やりがい、つながり、チャレンジ、自分らしさに溢れた人が幸せな人である」という全体像が導き出されたという形になっています。

構造が逆なのです。つまり、哲学から始めて実践で終わるか、科学から始めて哲学で終わるか、という違いが、アドラー心理学と僕の幸福学の最大の相違点だと言えるでしょう。

さて、本書の2つめの特徴について触れましょう。わかりやすく役に立つ実践例を伝える本であること。すでに述べたように、アドラー心理学は使ってもらうための心理学です。アドラーは自らの心理学のことを「工学である」とさえ言っています。平本さんも実践者。もちろん僕も工学者。3人とも実践者です。科学の基礎を突き詰めることももちろん大切ですが、科学的に(あるいは哲学的に)明らかにされたことを、実際に使用できる形にしてこそ、人々が幸せになるために役立つという想いで一致しています。

そんなことを感じていただける本になったと自負しています。

なかでも圧巻なのは、平本さんによるわかりやすい実践例の数々。あたかも光景が目に浮かぶような形で、よくある悩みの具体的解決法がたっぷりと述べられています。

個人的には、事例の部分はロールプレイしながら読むのがおすすめです。ぜひ、良い例と悪い例を誰かと声に出してやりとりしてみて、その心理的な違いを実感していただければと思います。

僕も校正を読みながら、妻とロールプレイしてみました。すると、身につきます。いつか同じような場面に遭遇したときに、きっとアドラー流に振る舞うことができるはず。そんな、今すぐ使える実践的な本です。あなたの抱える課題が解決すること請け合いです。

もう1つ圧巻なのは、「その実践例は哲学や理論のどことどう関係するのですか?」という質問を僕が何度かしたのに対し、平本さんは全体像の図のすべてと関係することを、次から次へと溢れ出てくる勢いで説明されていたことです。いかに深くアドラー心理学の体系を平本さんが身につけていることか。本文をお読みいただくと、平本さんの愛と熱意とエネルギーを感じていただけると思います。

そして、3つめの特徴。平本さんと僕から心を込めてみなさんに贈る本であること。

僕は、実証主義的な科学の研究者にしては「暑苦しすぎる」と批判されることがままあります(笑)。たしかに、ディーナー先生のようなスタンスが科学研究者の基本であるという立場から僕を見ると、個人的な考えを熱く語りすぎると感じられるのかもしれません。

しかし、僕の出自は、先ほども述べたように工学です。もっと言うと、民間企業に勤務していた経験があり、工学は具体的に使うところまで実践してこそ意味があるという思いがあります。つまり、僕は、科学・工学・実践をつなぐことをおこなっている研究者なのです。

さらに言うと、本を書くとき、僕は研究者である以前に、心を持った人間です。1人の研究者としてではなく、1人の生きる人間として、すべての人の幸せのために、本書を書いているのです。

そして、本書をお読みいただくとおわかりになると思いますが、平本さんも、人々が幸せに生きる世界をつくることを目的に活動されている方です。生きる目的自体が共同体感覚。僕と同じです。だからこそ、意気投合し、みなさんのために、この本を書いたのです。必要な方にこの熱い思いが届くことを心より願っています。

これまでに幸福学やポジティブ心理学を学んでこられた方にも、そうでない方にも、読んでいただきたい本です。１００年の時を経て構築されたアドラー心理学の体系をご理解いただくことによって、思考と知識の幅が広がるでしょう。また、すでにアドラー心理学に詳しい方にも、ぜひ読んでいただきたい。全体俯瞰と平本流の実践例により、理解がより深まることでしょう。

心より祈っています。すべての人が、自分を大切にし(自己受容)、まわりのみんなと信頼し合い(他者信頼)、社会のために何か行動できますように(貢献感)。誰もが人生の主人公(創造的自己)として未来を思い描けますように(目的論)。あなたの想いが尊重され(主観主義)、必要とされますように(対人関係論)。すべての人の行動に素晴らしい意味があることを皆が認め合う世界(全体論)を実現できますように。そして、すべての生きとし生けるものが幸せに生きられますように(共同体感覚)。本書がそのための一助となっていますように。

みんなつながっていますね。あなたが幸せでありますように(幸福学)。

２０２１年６月

前野 隆司

アドラー心理学×幸福学でつかむ! 幸せに生きる方法

目次

第2章　アドラーの目的論は人も組織も幸せにする

第3章 「性格」の成り立ちと子育ての技術

第4章　勇気づけとアサーションの実践例

無料でダウンロード！

本書特設ページ

ワークシートやロールプレイ集、
著者最新情報などが届きます！
https://hiramotoshiki.jp/howto-wellbeing

第1章　アドラー心理学の基礎＝共同体感覚と5つの理論

アドラー心理学は「どうしたら人は幸せになるのか」に注目する

アドラー心理学は、オーストリア出身の心理学者アルフレッド・アドラー（1870〜1937年）が提唱した理論に基づき、数多くの研究者の手によって発展してきた心理学体系の1つです。この本では、幸福学の考え方と照らし合わせながら、アドラー心理学の考え方とその実践方法、意義について、わかりやすく解説していきます。

その前に、まず、いわゆる現代心理学とアドラー心理学の基本的な違いについて押さえておきましょう。アドラーは自分の理論について「**私の心理学は理学ではなく、工学だ**」という言い方をしています。どういうことでしょうか。

仮想問題　**トップモデルの苦悩**

ファッションの本場パリでおこなわれるファッションショーに出演して、1時間ランウェイを歩いて数百万円のギャラをもらうようなトップモデルが「私はブスだ」と悩んでいました。

驚かれるかもしれませんが、じつはこれはよくある話です。どれだけ周囲に評価されても、本人は納得できずに「○○に比べたら、私は醜い」と本気で思い込んで、苦しんでいることが実際にあるのです。

この問題を、あなたならどうやって解決しますか？

一般的には、客観的事実（エビデンス）をこのモデルさんに示して「あなたは○○だからキレイです。悩む必要はありません」と説得しようとするのではないでしょうか。

このように客観性を重視するのは、現代の多くの心理学において共通するアプローチです。この方法で「そうなんだ」「納得しました」と解決することもあるでしょう。しかし、どれほど客観的な証拠を積み上げられても「信じられない」「私程度はいくらでもいる」という反応を示してしまう人もいます。

アドラー心理学では、こうした問題の解決に客観的な視点を持ち込まないのが原則です。当事者の主観に寄り添い「あなたはそう思うんですね」「苦しいんですね」と深く共感しながら、本書でこれから解説するさまざまな理論や技法を用いて、解決していきます。

もちろん、現代の科学的な手法の中にも、臨床心理学のように、アドラー心理学などの伝統を受け継いで当事者の主観に寄り添うものもありますが、詳しくはのちほどの対談で触れていきましょう。


現代のおもな心理学とアドラー心理学の違い

現代のおもな心理学
人間の構造についての研究＝**理学**

どうして悩む？

なぜ不幸になる？

にフォーカスする

アドラー心理学
人間の機能についての研究＝**工学**

どうしたら解決できる？

どうしたら幸せになれる？

にフォーカスする

さて、このスタンスの違いは、アドラーや臨床心理学以外の実証主義的な心理学の多くが**「どうして人は悩むのか」**という視点を基本にしているのに対して、アドラーは自分の臨床経験に基づき**「どうしたら悩みが解決するのか」**を基本にしていることに由来します。

ちなみに、アドラーと同時代に活躍した心理学者ジークムント・フロイト（1856〜1939年）やカール・グスタフ・ユング（1875〜1961年）も、心の構造を無意識と意識に分け、客観的に分析しようとしました。

アドラーは彼らを**所有の心理学**と呼び、自分の心理学を**使用の心理学**と呼んでいます。

アドラーにとってもっとも重要なことは、客観的な正しさやエビデンスではなく、臨床現場で日々向き合う患者さんが元気になることだったと言えるでしょう。そのためには**「使える」心理学**こそが必要だったのです。

あえて極端に表現すれば、使用の心理学とは「**人が幸せになるために使えるのなら、エビデンスなんてあと回しにしてもいい**」心理学だと言えるでしょう。

【解説】幸福学も目指すところは「心の工学」

前野隆司（以下、前野） 理学と工学という対比は興味深いですね。僕が研究している幸福学のベースの1つに実証心理学があります。仮説に基づいてアンケートをとり、統計処理によって誤差や偏りを最小化して、サイエンスとしてガッチリ実証する現代心理学の一分野で、客観的で、エビデンスの高い研究ができるのが特徴です。その結果として、たとえば「利他的な人は幸せである」といった結果が出ます。

しかし現代の科学（理学）は、学問の性質上、その研究成果を世の中に還元することには主眼を置いてきませんでした。「正しい」ことを追求する一方で、「使える」かどうかについては気にかけてこなかった。幸福学は、こうした心の研究成果を、組織づくり、製品・サービスづくり、教育など各分野に活かせるようにする応用分野にしたいと考えています。つまり、工学です。アドラーはその先駆者だと思います。

平本あきお（以下、平本） 同感です。アドラーとフロイト、ユングの3人はいずれも**臨床心理学の祖**のような存在ですが、アドラーが決定的に違うのは、この**工学**（使用の心理学）というスタンスだと思います。

フロイトといえば「無意識の発見」があまりに有名ですよね。それまで「意志に反して、つい、やってしまう」としか思われていなかったことを「無意識の働きでやっている」と捉えた。今では当たり前ですが、ものすごい発見だと思います。

ただフロイトの研究は構造の分析がメインでした。意識があって、無意識がある。無意識が抑圧されているから、悪さをしてしまうと説明する。これは**理学**です。アドラーは**構造**ではなく「どうしたら良くなるか」という**機能**に注目した。そこがぜんぜん違うんです。

前野 アドラーはいわゆる無意識について、どう解釈していたんですか？

平本 すごくざっくり言いますと、フロイトは「意識は比較的ちゃんとしているが、無意識は悪さをする」という発想です。ユングは逆に「意識は小賢しいけれど、無意識は集合的無意識という全体につながっているすごいもの。無意識に任せたほうがいい」みたいな感じでしょうか。

一方のアドラーは**「意識と無意識は対立しない」**という発想です。それどころか「意識」「無意識」というものがそれぞれ「ある」ということ自体を否定しています。**自分の身に起こっていること に対して「気づいている領域」と「気づいていない領域」があるだけ**だと考えるんです。そして、それぞれは**本来、お互いを補い合っている**と言っています。

前野　ほお。

平本　たとえば**貧乏ゆすり**は**「無意識が身体をゆらしている」**と捉えることもできますが、**「身体をゆすっていることに気づいていない（意識できていない）だけだ」**と考えることも可能です。実際、「あなた、貧乏ゆすりしていますよ」と誰かに言われれば、「あっ」と気づいて、すぐやめられますよね。アドラーは後者の解釈を採っていて、フロイト、ユングとの徹底的な違いになっています。

無意識と意識は対立しない

前野　なるほど。現代の心理学の中でも実証主義的なアプローチでは、無意識が盛んに研究され続けています。たとえば、部屋でエアコンの音がしているとしましょう。全然意識していなかったのに、あとで「何か音がしていませんでしたか？」と聞かれると、思い出せる。つまり無意識に聞こえていた音もきちんと記憶されているという研究があります。カリフォルニア工科大学教授の下條信輔先生がおこなった、異性の顔を2つ見せて「どちらが好きか」を聞く実験では、「こちらが好きです」と答えるよりも早く、視線はもうそちらを見ていることがわかりました。無意識（視線）は先に決めていて、意識（答え）はあとでそれを追認していると言えます。でもこうした結果も、アドラーの「気づいていないだけ」という解釈でも矛盾はなさそうですね。

平本　こんな、たとえ話はどうでしょう。

田んぼのあぜ道を時速60キロで走って脱輪した人が、その後はあぜ道だけでなく、一般道でも高速道路でも常に時速5キロで走るようになった。まわりは「それはむしろ危ない」と思っているけれど、本人は気づかずにそうしている。

前野　アドラー以外の心理学では「時速5キロ以上の走行は怖いと無意識が思っているから、危険な行動が起きている」と捉えそうですが、アドラーはそういう解釈をしないのですか？

平本　しません。**無意識と意識が対立するという発想はしない**んです。この場合も、過去の怖い体験から学習したことが意思決定に影響しているだけと捉えます。だから再学習すれば行動は変えられる、というアプローチをするんです。

前野　たしかに、あえて無意識という概念を使わなくても解決はできますね。

平本　認識できていることが広いか狭いかが違うだけ、と捉えている。むしろ、こちらのほうが問題を解決しやすいということだと思います。

正しいことと役に立つこと

前野　なるほど。「無意識なんて存在しない」というわけではなくて、「無意識を特別なこととは捉えない」ということですね。おそらく、そういう前提に立つことで、臨床的に患者さんと関わりやすくなるから、エビデンスはともかく、そう考えるんだということですかね。

平本　はい。それが**使用の心理学**なのだと思います。

前野　僕は大学に勤める前、企業の研究者だったころから、自分なりに正しさを追求してきたつもりです。幸福学の研究で、**幸せの4つの因子**（36ページ参照）を見つけたときも「正しいことを見つけた」と考えていました。けれど5年前ぐらいから「**いくら正しくても、役に立たなければ意味がないのではないか**」という工学者としての思いが強くなってきたんです。科学者としての矜持《きょうじ》も一応ありますが、やっぱり学問の成果を世の中の役に立つ形にしたい。だから、今はアドラーと同じように、**使える心理学**に取り組んでいます。

平本　アドラー心理学は臨床現場において長年の実績があるにもかかわらず、カウンセリングを受けたことのない多くの方から、「本当に使えるの？」と思われているように感じています。私としては、前野先生のようなエビデンスベースの世界でやっていらっしゃる方に関わっていただくことで、そうした人たちの疑念も解消し、理解を深めてもらえたらうれしいです。

アドラー心理学の中核は「共同体感覚」＝仲間感

ひとくちに「アドラー心理学」と言っても、その解釈はさまざまです。本も、いろいろなものが多数出版されていますが、日本で現在語られているアドラー心理学のほとんどは、1980年代初頭の日本にアドラーを紹介した精神科医・野田俊作先生の考え方が基礎となっていると言っていいでしょう。

アドラーの研究テーマはその時代によって変わりました。大きく前期、中期、後期に分かれています。簡単に紹介すると、次のとおりです。

●前期アドラー　劣等感の補償

ぜんそくや障害など、器官が劣っていること（器官劣等性）と心の関係（140ページで解説）。

●中期アドラー　権力への意志

劣等感を克服する「負けたくない」「勝ちたい」「上を目指すぞ」という意志の研究。ニーチェの影響、フロイトへの対抗心などがあったと言われる。

●後期アドラー　共同体感覚

ドイツ語でGemeinschaftsgefühl（ゲマインシャフツ ゲフュール）。ゲマインシャフト（共同体組織）は、ゲゼルシャフト（利益社会）とは違う概念。今風に言えば「仲間感」。共同体感覚が高いほど人は幸せである、と考える。

アドラー心理学の中核と言われ、現代アドラー心理学の土台となっているのは、この後期のテーマである「**共同体感覚**」です。

アドラーが考え出したこの概念はアメリカに渡り、後継者の1人であるルドルフ・ドライカース、バーナード・シャルマンらによって発展します。そのシャルマンの下で学んだ1人が先に紹介した野田俊作先生です。本書も含め、日本のアドラー研究者のほとんどがその影響を受けています。

野田先生は**共同体感覚を自己受容、他者信頼、貢献感の3つの要素で定義**しました。

それぞれについて説明しましょう。

共同体感覚を構成する3つの要素

●自己受容

自分を受け入れること。自己承認とは似ているようで、まったく違う。

自己承認は、自分の良いところを見つけること。

自己受容は、自分の良いところも、ダメな欠点も含めてOKを出せること。

〈自己受容のできていない例〉

先の仮想問題（24ページ参照）に出てきた、周囲は認めているのに自分では「醜い」と思っているトップモデルは、自己受容ができていない状態の一例。客観的な評価や結果にかかわらず、まわりにどう思われていても「私は自分の容姿が気に入っています」という人のほうが幸せでいられる。

●他者信頼

まわりの人を信頼できること。

〈他者信頼のできていない例〉

仕事がバリバリできる中小企業の経営者が「顧客は、私のことは信頼してくれるけれども、他の人のことは信頼しないだろう。別の担当者に任せて、数字が落ちたら大きな損害だ」と部下を信頼できない。どんどん自分の負担ばかりが大きくなってしまい、部下も育たない。

●貢献感

まわりの人の役に立てているという感覚。

〈貢献感が損なわれた例〉

定年退職した男性。会社勤めの終盤に体調を崩しがちだったので、家では「これまでご苦労さま、ゆっくり休んでください」と奥さんや子どもが親切になんでもやってくれる。「ありがたい」とうれしい気持ちがあったが、貢献感がないので、幸福度が下がってしまう。ちょっとした植木の水やりなどを家族から頼んで、「お父さん、ありがとう。おかげで植木が元気で、私たちも気持ちがいい」などと声をかけることで、貢献感を高めることができる。

この3つが高ければ高いほど、共同体感覚が満たされ、人は幸せを感じるというのが、後期アドラーの立場です。

逆に言えば、心の病やさまざまなトラブルは、この3つが低いことによって起きています。ですから、この3つを高めれば、多くの問題が解決できると考えられるのです。

【解説】幸福の4つの因子と共同体感覚

前野　共同体感覚の3つの要素は、現代の心理学やポジティブ心理学、ウェルビーイング（幸せ）についてのさまざまな研究で、いずれも統計的に検証されていますね。たとえば1つめの**自己受容**。僕がかつておこなった幸福学の研究の中で、幸福度ともっとも相関関係が強かったのが、この自己受容なんです。つまり、幸せな人は自己受容ができていて、自己受容のできていない人は不幸せを感じている傾向が極めて強いと言えます。

平本　**幸福学の「幸せの4つの因子」**について改めて教えてもらえますか？

前野　はい。これは統計的な検証に基づく実証的な心理学の研究の中で、人間の幸福度を高めるポイントが4つに分かれたというものです。

1　やってみよう因子（自己実現と成長）

夢や目標を持っていたり、主体的に行動できる人は幸福度が高い。自己肯定感が高く、まわりへの信頼感もある人は、失敗を過度に恐れず行動することができます。また仲間との繋がりが安心感を生み、その安心感が確保されている環境に属しているほうが、クリエイティブに行動する傾向が高くなる(創造的自己)という研究もあります。

2　ありがとう因子(つながりと感謝)

人と積極的に接して、感謝できる人は幸福度が高い。先ほどの他者信頼と貢献感は、ここに関係すると思います。他者との信頼関係が幸福度を高めるという研究や、人への親切さ、思いやりが、その人の幸せに寄与するという研究も数多く発表されていますね。ただ残念ながら、幸せと利他性の相関はものすごく強いとまでは言えないという結果も出ています。

3　なんとかなる因子(前向きと楽観)

常に前向きで楽観的、気持ちの切り替えが速い人は幸福度が高い。自己受容とは別の事柄のように思えるかもしれませんが、自己受容と非常に相関の高い因子だということがわかっています。自己受容ができていると「まあ、なんとかなるよ」と物事を前向きに捉えられるのでしょう。

4　ありのままに因子(独立と自分らしさ)

人の目を気にせず、本来の自分のままに行動できる人は幸福度が高い。

平本　なるほど。比較すると、面白いですね。

前野　講演やセミナーに参加した方から「幸福学はアドラー心理学と似ていますね」としばしば言われるのは、この自己受容のところが大きく影響しているのではないでしょうか?

平本　そうかもしれません。でも私には4番めの**ありのままに因子**のほうが、自己受容に近い印象を受けるのですが、違うんですか？

前野　たしかに直感的にはそう感じられるかもしれませんが、統計調査による検証では、**自己受容と一番相関が高かったのは「なんとかなる因子」**だったんです。実証心理学は客観的な統計検証が基本ですから、そう考えるしかない。**ありのままに因子**は現代の心理学で言う「**本来感**」と呼ばれているものに近いと思います。もしかしたら自己受容という概念の捉え方が今の心理学とは異なっているのかもしれませんね。

平本　「なんとかなる因子」は、もしかしたら「**自己効力感**」と相関が高いかもしれません。後述する「**勇気が湧いている状態**」に近いのではないでしょうか。私は経営者やトップアスリートの方々のコーチングやカウンセリングをさせてもらうことがあるのですが、彼らは総じて**やってみよう因子**が非常に強いと感じます。

前野　ああ、そうでしょうね。

平本　でも、すでに数千億円規模の会社を率いている60代の経営者が「自分の実力はこんなものじゃない。まだまだやらなくてはいけない」とおっしゃることがある。やってみよう因子が高く、自己受容が低いせいで、自分を追い込んでしまっているんです。それでうつを発症してしまうこともある。「もう、いいじゃないですか」と言いたいわけですよ。これはやってみよう因子が不幸の原因になっている例とは言えませんか？

前野　じつは、**幸せの4因子のすべてが高い人が幸せ**なんです。今の例のように、やってみよう因子だけが強くて、ありがとう因子が低いというケースは他者信頼や貢献感が弱いので、ワーカホリックになって、バーンアウトしてしまうリスクがあります。これは幸せとは言えません。逆に、ありがとう因子だけが極端に強くても、自己犠牲や共依存になりやすいというリスクがあります。たとえば医療関係者に多いんですが、すごく優しくて「自分なんてどうでもいいんです」とまわりに貢献しようとがんばりすぎる人も、バーンアウトしやすい。

平本　なるほど。1つの因子だけでは幸福度が高まらないんですね。

前野　4つがセットです。やってみよう因子が強いだけだと、自分勝手に「やってみよう」という、ただのわがままになる。だから、同時にまわりと仲良くし、なんとかなると自己受容し、ありのままに自分らしさを持つことで、幸せになれる。アドラーは自己受容、他者信頼、貢献感の3つがセットと言っていますが、その構造と似ています。

共同体感覚という哲学が必要だったワケ

前野　この共同体感覚という概念は、アドラーの思想のようなものですか？

平本　そうですね。アドラーの長年の臨床経験と研究に基づく**哲学**だと捉えるのが適切だと思います。

前野　フロイト、ユング、アドラーの時代は哲学者と科学者という区分が、現在ほど明確には分かれていませんでした。僕は哲学者ではないので、幸せの4つの因子も、実証心理学に基づいた統計解析によって出てきた結果という立場に立つんです。そこはアドラーと現代心理学の違いですね。

平本　なぜ理論や技法の前に、その土台となる哲学が必要だったのか、もう少し掘り下げましょうか。じつはアドラー的なカウンセリングと、そうではないカウンセリングには決定的な違いがあるんです。

たとえばお母さんが「どうしたらうちの子に勉強をさせられますか？」と相談に来たとします。理論だけなら、その子を「勉強のできる人生の主人公」とみなし、少し勉強したら本人が喜ぶような適切な刺激を与え、「わあ、できたね」と関わりながら、「○○君が勉強してくれて、お母さんはむっちゃうれしい」なんて、子どもの行動を親の思う方向へ誘導することができます。でも、アドラーはこうした理論の使い方に反対しているんです。

前野　ほお。

平本　そうやって子どもをその気にさせ、勉強をさせ続ければ、成績は上がるかもしれません。しかし、それ以外はどうでしょう。もしかしたら成績は優秀だけど、親子関係にはヒビが入ることになるかもしれません。それが子どもとお母さんの本当に望むことなのかは疑問です。

前野　たしかにそうですね。アドラー的なカウンセラーはどうするんですか？

平本　「お母さんがお子さんに勉強をさせたいのは、どうしてですか」と、相談者であるお母さんも人生の主人公とみなして関わります。

「良い学校に行ってほしいからです」「どうしてそう思うんですか？」「当たり前でしょう」「もう少し詳しく教えてください。良い学校に行くと何が起こりますか？」「幸せになれるでしょう」「どうして幸せになれると思うんですか？」「職業選択の幅が広がるからです」「だから勉強してほしいんですね」と本音のところを引き出して、「お母さまがそう考えていることを、まずお子さまに伝えてはどうですか。スムーズに話し合えるようにご協力します」といった感じになります。

ここだけ聞くと、「ものすごく面倒」（苦笑）ですが、それが人をリスペクト（他者信頼）することだとアドラーは考えるんです。私は、この哲学がないと、カウンセラーの価値観を押しつけてしまうこともありうると思っています。

前野　ああ。カウンセラーの倫理を守るためでもあるんだ。それはたしかに大切ですね。

臨床現場から生まれたアドラー心理学5つの理論〈その1〉

創造的自己

アドラーが提唱した共同体感覚（自己受容、他者信頼、貢献感）の哲学について、もしかしたら「理想は素晴らしいけど、現実はそんなに上手くいかないでしょう?」と感じた方もいらっしゃるのではないでしょうか。たしかに現実は複雑ですが、アドラー心理学には、それを実現するための理論が用意されています。

この理論は、長年の臨床経験から「心はどのように動くか」をアドラーが独自に導き出したものです。現代心理学のように科学的に立証されたものではないので、厳密には「仮説」と呼ぶのが相応しいかもしれません。アドラー心理学は、共同体感覚という哲学を土台にした、5つの理論（仮説）からできていると考えるといいでしょう。

研究者によっては4つに分類することもありますが、本書では**創造的自己**、**目的論**、**主観主義**、**対人関係論**、**全体論**の5つに分ける解釈を採用します。

まず1つめの**創造的自己**について解説します。

アドラー心理学の哲学と理論

これは「**誰もが、自分の人生の主人公だ**」とする仮説です。

『夜と霧』（みすず書房）という名著は、アドラーの影響を受けた心理学者V・E・フランクルによるアウシュビッツ強制収容所の体験記です。多くのユダヤ人が命を落とした極限空間で、彼は「自分は人生の主人公だ」という創造的自己を働かせることで、絶望することなく、奇跡的な生還を果たしました。

創造的自己の対極は決定論（運命決定論）と呼ばれるものです。

たとえば、こんな言い方があります。

「幼少期にあんなひどい経験をして、トラウマになっているんだから、仕方がないね」

「小さいころからちゃんと勉強できる環境じゃなかったんだから、やむを得ないよ」

このように生い立ちや、家庭、教育といった過去によって現在や未来は決まってしまうというのが運命決定論です。
創造的自己はそのまったく逆で、アドラーは誰もが自分の人生を自分で決められる主人公なのだとみなします。

【解説】主体的に行動している人は幸福度が高い

前野　創造的自己は、主体性や自己決定（自分の行動を自分で決めること）と関係していますね。神戸大学社会システムイノベーションセンターの西村和雄特命教授と同志社大学経済学研究科の八木匡《ただし》教授が日本人を対象におこなった2万人調査では「**所得や学歴より、自己決定度の高さが幸福度を上げる**」という結果が出ています。進路や仕事を自分で決めることが、学歴の高さや所得の多さよりも「幸せだ」と感じることにつながる。また、アメリカでは「**幸せな社員は、不幸せな社員よりも創造性が3倍高い**」という研究結果もあります。まさに創造的自己が幸せの要因になっていると言っていいと思います。

平本　なるほど。それは納得できますね。

前野　じつは今「1日のうちにおこなう主体的な行動と受動的な行動の割合」について調べてい

るんです。簡単に言えば、自分の意志でしていることと、誰かにやらされていることのどちらが多いかを調査している最中です。

平本　ほお。

前野　まだ分析中ですが、ひとまず「**主体的な行動の多い人に不幸な人はほとんどいない**」という結果が出てきています。ところが、興味深いことに、受動的な行動が多い人にも幸せな人がいるんです。受動的な行動が多い人には、幸せな人と不幸な人の両方がいる。もう少し細かく分析すると、もっといろいろ見えてくるかもしれません。

「やってみよう」は小さなことから始められる

平本　幸せの4因子との関係はどうですか？

前野　**やってみよう因子**に含まれる部分だと思います。この反対は「やりたくない」「やる気がない」といった、やらされ感です。

平本　なるほど。面白いのは、主体的にやれるかが重要で、その行動の大きさはあまり関係ないところです。

前野　そうですね。むしろ実行しやすい、小さいことのほうがいいですね。

平本　私はよく「**1日の少なくとも約70％は、自分の思いどおりになっている**」と言うんです。

たとえば、行き慣れた場所に行こうとして、迷子になることはまずありません。ほとんどの人がたどり着ける。こんなに思いどおりに生きられているのに、少なくない人が「私の人生は全然思いどおりにいかない」と悩んでいたりする。

とくに若い人は「やってみよう」と考えるとき、壮大なものをイメージしがちだと思います。起業する、アイドルになる、などという大きな夢に対して、主体性や創造的自己を維持することはなかなか困難なものです。だから「今日は渋谷に行こう」➡「思いどおりに行けたぞ！」、「お昼はラーメンを食べよう」➡「食べたぞ！」なんていう小さなことから、**自分は自分の人生を選んでいる感**を得て、そこからステップバイステップで進んでいくのがいいと思うんです。

前野　そうですね。**「大きな夢を目指すよりも、小さな夢や目標で満足する人のほうが幸福度は高い」**という研究結果もあります。

平本　やはり、そうなんですね。私は臨床的な視点から、マニュアル自動車のギアチェンジをイメージしています。最初はローギアなので、あまり加速できない。食べたいものを決めて、そのとおりに食べるレベルから始めて、創造的自己を養う。そこから、どんどんギアが上がってきたら、たとえば「起業して上場するレベル」を目指してもいい。

前野　たしかに。いきなりトップギアに入れたら、車は走りませんからね。「大きな夢を持たないほうが幸せ」と言ってしまうのは教育者としてはためらいがありますが、「小さな目標を達成することを重ねて大きな夢につなげるのが良い」という表現がふさわしいと思います。

平本式アドラー「夢を叶える練習」＝プチ成功体験トレーニング

プチ成功を体験するトレーニングです。１日３つから始めて、調子に乗ってきたら、数を増やしていってください。

ポイントは２点。

１　自分でしたいことを意識的に決める

２　実行したら「できた」としっかり認識する

内容は何でも構いません。「トイレに行く」「水を飲む」「カレーを食べる」「今日は休む」といったことを自分で決め、実行するたびに「できた！」「成功した！」としっかり認識する。

このトレーニングをすると、何の変哲もない行為にも「**自分で決めた感**」が生まれ、成功体験の積み重ねにもなり、創造的自己が高まり、幸せ度もアップします。

臨床現場から生まれたアドラー心理学5つの理論〈その2〉

目的論

アドラー心理学の5つの理論、2つめは**目的論**です。この目的論とは対照的なのが**原因論**です。原因論とは「物事が上手くいかない原因を見つけて、直せばいい」というアプローチです（86ページ参照）。さて、目的論には**狭義の目的論**（狭い意味の定義）と**広義の目的論**（広い意味の定義）があります。まず、狭義の目的論から解説しましょう。

●狭義の目的論

「すべての行動には目的がある」「すべての感情には目的がある」とする仮説。

「具合が悪くなったので、行けません」➡行きたくないから、体調を崩した

「何やってるんだ！」とつい怒鳴った➡言うことを聞かせるために、怒りの感情を使った

このように、狭義の目的論では、あらゆる行動や感情にはすべて目的があると捉えます。だ

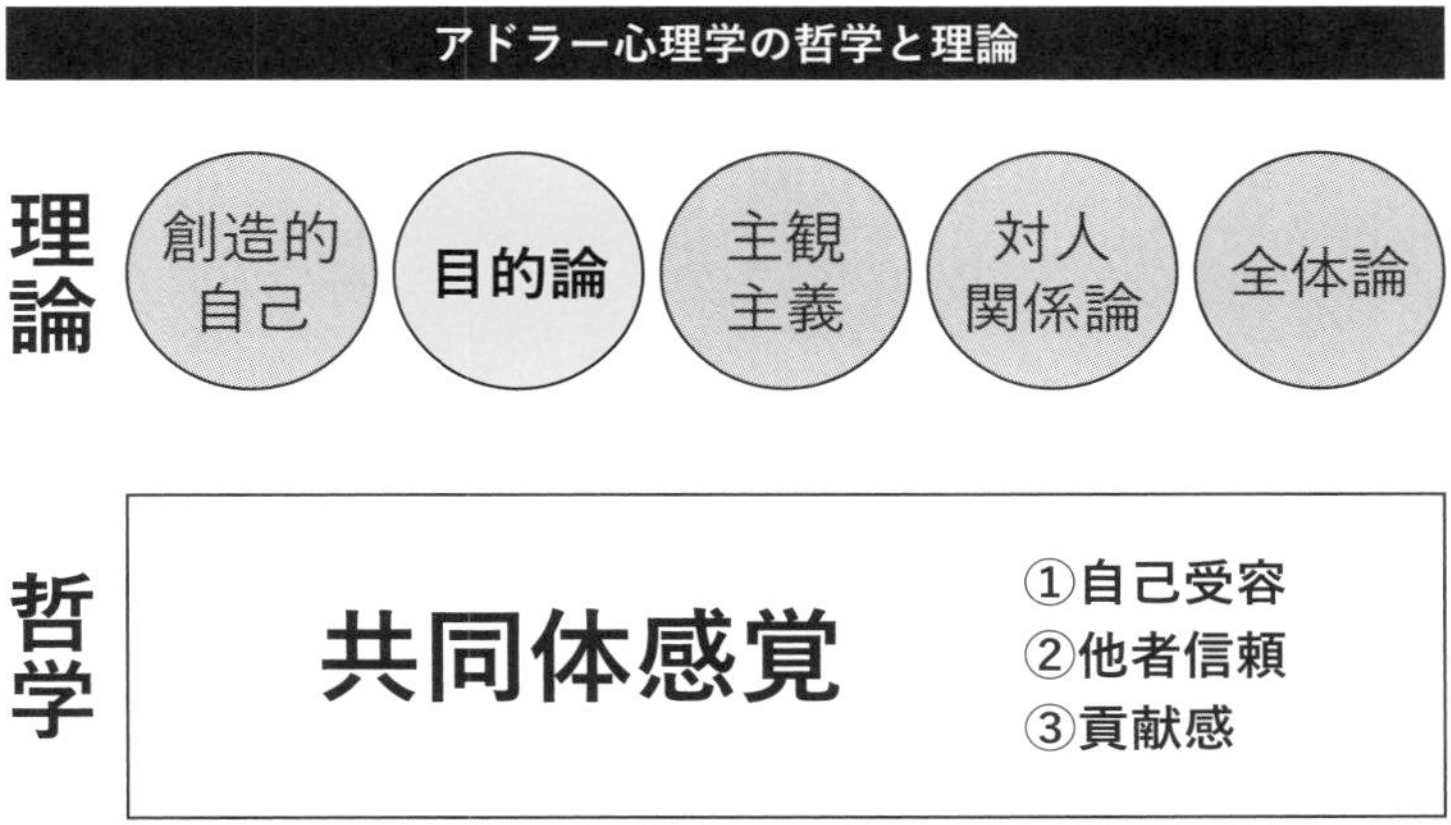

から目的を見つけ出すことで、問題になっている行動や感情を変えられると考えるのです。では、狭義の目的論を使ったカウンセリング事例を2つご紹介しましょう。

〈カウンセリング事例1〉抜毛症のお子さん

抜毛症（髪の毛などの体毛を自分で抜いてしまう病気）のお子さんの例。

その行動の目的を探るため、「髪の毛を抜いた前後に何が起きているのか」を丁寧に聞いてみたところ、行動の前には、お母さんが「宿題しなさい」「まだ掃除してないの？」といった小言を言っており、抜毛をすると「しょうがないわね。勝手にしなさい」と態度が変わっていることがわかった。

「お母さんにガミガミ言われたくないから、抜毛しているんじゃないかな？」

「あ！　言われてみると、そうかもしれません」

「じゃあ、小言を言われなくなる他の方法がないか考えてみない？」

と一緒に作戦を練った。

結局、良い代替案が見つからなかったので、「お母さんにガミガミ言われたくないときは、抜毛を積極的に使おう」と意識的に抜毛してもらうことに。その結果、気持ちが安定し、しばらくしたら抜毛の必要性がなくなり症状が解消した。

〈カウンセリング事例2〉うつ病の女性

うつ病に悩む30代の既婚女性の例。

うつの症状が出る前後のことを詳しく聞いたところ、症状が出る前に共通した出来事は見つからなかった。しかし、症状が出たあとには共通する出来事があった。

「夫はいつも忙しいんですけど、私の症状がつらくなると必ず『大丈夫か？』と早く帰宅してくれるんです」

「そんなに忙しいお仕事なんですか？」

「そうなんです。毎日遅くまで働いていて、帰りはいつも深夜です」

「もしかしたら、旦那さんと2人きりの時間を過ごしたくて、症状が出るのでは？」

「ああ！　そんな自覚はありませんでしたけど、そうなのかもしれません」

「引き続き、その方法で目的を達成しますか？　それとも違う方法がいいですか？」

アドラー心理学では、どうしたいかを選択するのは、必ず本人です。

「うつじゃないほうがいいです」

旦那さんとラブラブに過ごせる方法を一緒に考えて、その後回復した。

このように、**狭義の目的論**では、
1　行動や症状が起こる「原因」ではなく「目的（＝メリット）」に注目する。
2　他の方法で同じメリットを得ることはできないか、本人に決めてもらう。
という順序で、問題を解決します。

●広義の目的論

じつは**アドラー心理学でより重要なのは、こちらの広い意味での目的論**です。
広義の目的論の基本となるのはアドラーの「**どこから来たかではなく、どこに向かうか（目的）が重要である**」という発想です。

今、問題のある行動をしている人がいるとしましょう。

●原因論の関わり方

「何が悪い？」「どこが悪い？」「どうしてこうなっちゃったの？」と、今の問題を引き起こした過去の原因や性格上の問題、誰のせいで発生したのかなどを掘り下げて、取り除く。

●狭義の目的論の関わり方

その行動で得ているメリットを見つけ、代わりとなる行動を探してもらう。

●広義の目的論の関わり方

過去の原因や性格上の問題などには注目せず、「この先、どんな人生を生きたいですか？」「あなたはどうなりたいですか？」という、その人のこれから（目的）に注目して関わる。

つまり、原因論のように悪いところを探すのではなく、良いところを探すのでもなく、「**どうなりたいのか**」「**結局のところ、どうなったらいいのか**」という未来の目的から発想するのが、広義の目的論です。

今風に言えば、バックキャスティングのようなものだと考えればいいでしょう。

広義の目的論は、アドラー心理学を理解し、実践するうえでとても重要で、しかも大変役に立つ理論なので、のちほど第2章でじっくりご紹介します。

【解説】目的論は、現代心理学では扱うことが難しい

前野　アドラーの本を何冊か読んで一番面白いと思ったのが、この目的論です。**現代の心理学にはない視点**ですよね。たとえば、泣いている人がいる場合、「泣くことによって誰かの気を引こうとしている」と解釈してもいいし、「悲しい感情が湧いているから泣いている」と解釈することもできる。でも、そのどちらが正しいかを実験で明らかにすることはかなり難しい。つまり、**目的論は客観的に観察してもわからない。**

平本　科学的な検証には、個人の意図が入ってはいけませんからね。良くも悪くも客観的、無機質にしなきゃいけない。これに対して、目的論は「どうしたいのか」という意図が前提になっていますから、ほとんど正反対のアプローチだと思います。

前野　そうですね。ちなみに「なぜ泣くのか」に対する僕の解釈は、複合的に起きているのではないか、というものです。つまり、無意識に「この人の気を引きたい」と目的論でやっているのと、自然に「悲しい感情があるから泣いちゃった」という反射反応のようなもののミックスなのではないかと考えます。でも、普通は後者の「反射的に泣いた」と捉えるのが一般的でしょうね。行動心理学はそういう立場です。

心理学の観測者問題

平本　目的論について考えるとき、私は量子力学を連想するんです。有名な二重スリット実験（注／19世紀初頭にイギリスの物理学者トーマス・ヤングがおこなった、粒子と波動の二重性を示す実験。量子力学の核心部分とも言われる）のように、粒子を観測しようとすると観測できるし、波動を観測しようとすると観測できるみたいに、観測者の意図が入ってしまう。

前野　ああ、たしかに似ていますね。

平本　アドラー心理学は「だったら**観測者の意図も含めて治療しよう**」ということなのかもしれないと思うんです。

前野　そう感じますね。「この仮説に基づくと臨床的に良い効果が出るんだ」と言うことはできますから。でも、おっしゃるように、実証心理学的に目的論が正しいことを証明するのはすごく難しいんじゃないですか。

平本　そこが客観的な実証主義的心理学と異なるところです。**アドラーは、科学的な正しさを追求するのではなく、臨床現場で役に立つことを目指しているん**です。

臨床現場から生まれたアドラー心理学5つの理論〈その3〉主観主義

アドラー心理学の5つの理論、3つめは**主観主義**です。主観主義は、現象学、認知論とも呼ばれます。対極は**客観主義**。

これは**「人間1人1人の価値観、モノの見方、考え方はそれぞれ違う、という前提に立ちましょう」**という仮説です。

この前提に立つと「違うこと」は悪いことではなくなります。他の人に合わせなくてはいけないとも考えません。「あなたの考えは理解できない」と捉えれば、お互いに理解できないまま終わってしまいますが、「自分とは違う考えなんだ」という形で受け入れることができれば、互いに関わり続けることができます。

たとえば、統合失調症の疑いのある患者さんが「寝てるときも、仕事中も、お風呂に入っていても、謎の男からずっと監視され続けています。助けてください」と訴えているとしましょう。典型的な客観主義の対応、主観主義の対応はそれぞれこんな感じになります。

アドラー心理学の哲学と理論

理論

創造的自己 / 目的論 / **主観主義** / 対人関係論 / 全体論

哲学

共同体感覚

①自己受容
②他者信頼
③貢献感

客観主義

「あなたは統合失調症かもしれませんね」と客観的な視点でジャッジする。

主観主義

「ずっと監視され続けたら、つらいですよね。具体的に、どう監視されていると思いますか？　とくにどんなときに監視されてると感じますか？　それの何が嫌ですか？」と質問する。

　相手との関わり方がまったく異なるのがおわかりでしょうか。

〈アドラー心理学を学んだ老人ホームスタッフの実践例1〉

　ときどき急にベッドから起き出しては、戦争で何十年も前に亡くなった息子さんを探そうとする認知症のおばあさんがいました。

普通のヘルパーさんは「転倒すると危険だからやめてください」と注意します。または「息子さんはもう亡くなられたのでしょう？　探す必要はありませんよ」と説得して、部屋に戻すでしょう。

これは客観主義なので、主観主義で関わることにしました。

「それは心配ですね。足元が危ないので、一緒に探しましょう」と、おばあさん本人以上に一生懸命、熱心に「どこにいるんでしょうね」と率先して探します。

するとものの5分も経たないうちに、おばあさんは泣き出して「そういえば息子は死んだんだったわ」と思い出しました。そして「ありがとうね。ごめんなさい」と落ち着いて、部屋に戻り、ぐっすり眠ったのです。


〈アドラー心理学を学んだ老人ホームスタッフの実践例2〉


午後5時の夕食時間になっても、食堂に来ないことのあるおばあさん。やはり認知症で「旦那にごはんをつくらなきゃいけない」と出かけようとしてしまいます。様子を見に行くと、外出用の服に着替えようとしていました。

客観主義で「違いますよ」「ごはんつくらなくてもいいんですよ」と止めると、暴れたり、無理やり帰ろうとするので、主観主義で関わることにしました。

「じゃあ、僕も着替えますから、少し待ってください。一緒に行きましょう」

それで2人で服を着て、玄関を出たら、ほんの2、3歩歩いたところで、立ち止まりました。

「そういえば、うちの旦那はもういなかったわね」

自分で納得して、食堂に戻ってくれました。


これらは平本式のアドラー心理学を学んだ方が実際に体験されたものです。

この実例からもわかるように、**主観主義とは、相手の見ている世界に寄り添うこと**だと言えます。そして、相手の世界に深く寄り添うことができれば、相手の気持ちは満たされ、不安が減り、自ら問題を解消することができるのです。

【解説】アドラーの主観主義が現代心理学に与えた影響

前野　主観主義は、**文化心理学**（文化と心の関係について研究する心理学）のアプローチに似ていますね。文化によってモノの見方は違うから、心と文化は簡単には分けられないとする立場に立つ心理学の分野です。かつてはみな当たり前のように**自文化中心主義**(自分の文化を基準として世の中を見る)だけで考えていたけれど、文化心理学が出てきたことで**文化相対主義**(諸文化をそれぞれ独自の価値体系を持つ対等な存在として捉える態度)の立場から考える、ということがおこなわれるようになっています。それぞれの見方を尊重するという意味で、それと似ていますね。

平本 現代心理学には**コンストラクティビズム**(構成主義)と呼ばれる学派もありますね。彼らは、客観的現実は存在せず、人間は自分のつくり上げた物語の中でしか生きていないと考えます。そうした流派の源流になるのが、アドラーの主観主義なんです。

前野 なるほど。**NLP**(神経言語プログラミング:Neuro Linguistic Programing)にも、相手の立場に立つために、まるで乗り移ったようになって考えるというやり方がありますね。あのルーツにもアドラーがあるんですか?

平本 どうでしょう。じつは私はNLPを学んでいた時期があるんです。NLPはリチャード・バンドラーとジョン・グリンダーが、臨床実績のある著名なセラピストを研究してまとめたものなので、結果として、主観主義を実践できている人が多かったのではないかと想像します。その意味で、アドラーの影響をまるで受けていないとは言い切れませんね。

前野 なるほど、大きな歴史の流れという意味での影響ですね。

主観主義は多様性を認めることでもある

前野　僕はセラピストではなく教育者ですが、学生と接するときは、できるだけ主観主義的に接したいと思っています。学生の立場に立って考えたい。これは多かれ少なかれ誰でもやろうとしていることですよね。もちろん、やれる人とやれない人がいますが。

平本　凶悪犯罪を犯した犯罪者に対して「どうしてこんなひどいことができるんだ。信じられない」と発想するのが客観主義です。犯罪を犯した人の立場に立って、事件が起きた経緯やその人の境遇、過去にDVを受けていたといった体験に耳を傾けて「背景には、そんな事情があったんですね」と理解しようとするのが主観主義です。

前野　主観主義という仮説は、多様性を認め合うことでもありますね。「**多様性に富んだ社会のほうが幸福度が高く、イノベーションも起きやすい**」「**友だちが多様なほうが幸せだ**」という研究もありますから、その意味でも、主観主義は幸福学と親和性が高いですね。

臨床現場から生まれたアドラー心理学5つの理論〈その4〉
対人関係論

アドラー心理学の5つの理論、4つめは**対人関係論**です。

アドラーは「**すべての問題は、対人関係に由来する**」と言っています。

対人関係論とは、そのことを前提に人と関わるべきだとする仮説です。対人関係論の対極は精神内界論と呼ばれます。これは、心にまつわる問題（うつ病やパニック障害など）はすべてその人の身体の内側で起きていると捉える立場です。

いくら仮説とはいえ、「すべては対人関係の問題だ」とまで断定するのは少々極端に思えるかもしれません。しかし、たとえば、こんなケースを考えてみるとどうでしょう。

アドラー心理学の哲学と理論

理論	創造的自己	目的論	主観主義	**対人関係論**	全体論
哲学	**共同体感覚**	①自己受容 ②他者信頼 ③貢献感			

仮想問題 **就職するときの動機、退職するときの動機**

ある会社に就職するときの動機と、その会社を退職・転職するときの動機にはどんな違いがあるでしょうか。あなた自身の経験や考え、周囲に聞いた話などを思い浮かべながら、典型的なものを挙げてみてください。

（**就職するときの動機**）
興味のあることができる。やりがいがありそう。待遇がいい。

（**退職するときの動機**）
上司が理解してくれない。チームの雰囲気が悪い。

もちろん待遇面や仕事の内容への不満が理由で、辞める方もいるでしょう。しかし圧倒的に多くの方が、就職時に抱いた期待とは関係なく、職場の人間関係のつらさが退職理由になっているのが実情です。

そうなってしまうのは、**人間関係が良好であることが私たちの幸福感と大きく関わっているから**です。

だから、たとえ業務がかなりキツくて、期待どおりの成果が出せなくても、人間関係がスムーズで結束している組織なら「この仲間と最後までやり抜こう」と互いに協力し合って、かなりのところまでがんばることができます。

しかし、もしそこで人間関係に亀裂が生じれば、たちまち上手くいかなくなるのです。

〈カウンセリング事例〉中学生男子が万引きを繰り返す理由

万引き常習犯の中学生男子の例。

アドラー心理学のカウンセリングを使い、目的論で「何のために盗んでいるのか」を聞き、さらに主観主義で「本人にとってその行動は何をしていることになるのか」と聞いていった。

その結果わかったのは、その男の子は万引きした商品そのものにはまったく興味がないということ。しかし、万引きをすると、いつもは強い立場の母親が傷ついて「それだけはやめて」と懇願するような態度になっていた。

圧倒的に強い存在のお母さんに、息子である彼は普段はまるで歯が立たない。何を言っても関心を持ってもらえず、「言うとおりにしなさい」と一方的に抑圧されている。ところが万引きをしたときだけは態度がコロッと変わり「それだけはやめて。家族の評判にも関わるから、頼むからもうしないで」と、お願いするような反応になる。

だから、それだけは続けてしまう。

このような事例でも、対人関係論で関わることで解決に導くことができるとするのが、アドラーの立場です。

【解説】「対人関係の問題がすべて」と言い切ると、問題が解決しやすくなる

前野　「人間関係が良いと幸福度が高まる」という研究は、幸福学をはじめ、現代心理学にもたくさんあります。しかし「すべての問題が対人関係に由来する」とまで言い切るのはクセモノですね。アドラーの面白いところだとも感じます。本当は人間関係以外の問題もあるのではないか、というのが正直な感想です。

改めて確認しますが、「すべての問題は人間関係に由来する」と考えたほうが治療がしやすい。だから対人関係論としてそう断定するんだ、という**臨床視点の仮説**という理解でいいでしょうか？

平本　はい、その理解でいいと思います。私自身、実際のコーチングやカウンセリングでは、アドラー心理学を使わず、人間関係以外の問題として取り扱うこともあります。でも、一般的な問題のほとんどは「対人関係の問題に由来する」という前提で関わることで、解決率がかなり上がるのは間違いありません。

前野　そうなんですね。問題のあるところを、その人自身の中身（**精神内界論**）ではなく、人間関係（**対人関係論**）と捉えると対処しやすいからですか？

平本　そう思います。「自分に自信がない」と訴える人に、精神内界論で関わると「もっと自信持とうよ」「大丈夫だよ」というアプローチになります。すると、いったんはその気になりますが「人前に出るとやっぱりダメです」となってしまうことが少なくない。

前野　対人関係論ではどうなりますか？

平本　その本人だけでなく、**相手がいることを想定**した問いかけをします。「具体的にどんなときに自信がないと感じますか？」「会議で発表をするとき」「じゃあ、発表の場面を想像して、どんなことを言いたいですか？」と働きかけたり、「身近な同僚と1対1でスタバあたりで話すとしたらどうですか？」「それなら平気です」「2対1ではどうですか？」と試してもらい、最後は会議でと、少しずつ自信を取り戻してもらうこともあります。

このとき会議の参加者の誰かから「うまくまとめてくれてありがとう」なんて声が上がると、共同体感覚の3要素が刺激されますから「自分には居場所がある」と感じて、さらにその気になる。この関わり方のほうが、上手くいくことが多いというのが私の実感です。

私たちはみな「居場所」を探している

前野　ああ、そうか。その解説はすごく納得がいきますね。現代心理学では、むしろその逆に考えることが多い。問題の原因を探して排除する原因論になりがちだし、対人関係にそこまでフォーカスすることもありません。でも、アドラーは科学的立場にちょっとひねりを入れることで、臨床的に解決しやすくしているように思えます。

平本　そうなんです。対人関係論は「**すべての人間は、自分の居場所を見つけようとしている**」という前提に立っているとも言えると、私は考えています。

典型的なのはSNSではないでしょうか。良い投稿に対してたくさん「いいね」をもらったり、好意的な反応があれば、次も同じような投稿をしようと思います。逆に、何かをけなしたりダメ出しをするような投稿でも「スッキリしました」という反応が多かったり、それで注目を浴びたりすると、最初にやろうと思っていたことは関係なくなって、そうした投稿をつい続けてしまう。これは、居場所を探している行動だと思うんです。

前野　たしかにそうですね。

平本　すべての人間は、**自分を出し切りながら、居場所を探している存在**なのではないでしょうか。

前野　わかります。「**人に必要とされる場**」という意味での居場所ですね。

平本　こういう話をすると「自分は1人でいい」とおっしゃる方がいます。でも、それは距離感の問題だと思うんです。近年「ゴミゴミした都会の喧騒から離れてのんびり暮らしたい」という方が増えていますが、その距離感も人によってそれぞれでしょう。本当に山奥で一人暮らしをしたいという場合でも、一番近い集落や町までの距離が案外重要だったりします。「**ちょうどいい距離**」**があるだけで、他人が必要ない人は1人もいない**んです。

アドラーが晩年にたどり着いた答え「共同体感覚」

前野　なんというか、とてもあたたかい考え方ですね。

平本　その感想はうれしいですね。たとえば、親や先生、学校に言われるがまま勉強して、勧められた会社に就職して、安定した生活を手に入れたとしましょう。一見幸せそうですが、これでは自己受容感は得られません。それよりも、自分が本当に好きで、夢中になれることで居場所があるほうが、ずっと幸福でいられる。**対人関係論は自分らしくいられる居場所なんです。**

前野　人間と人間の関係をあたたかく見守っている感じがします。そもそも**共同体感覚から始まっている理論**だから、当然なのかもしれませんね。

平本　アドラーも最初からこうだったわけではなく、晩年なんですよね。

前野　ああ、そうでした。

平本　先ほども解説したように、心理学者としてのアドラーは、ぜんそくなどの器官劣等性(ハンディキャップ)についての研究からスタートしています。劣等性、劣等感、劣等コンプレックス(140ページ参照)に分けて分析していたのですが、中期にはそれを克服する「勝ちたい」というテーマに取り組むようになった。でも「なぜ勝ちたいのか」を徹底的に追求していくうちに「目的は勝つことではなくて、認められたいのではないか」と考えるようになり、それは自分だけでなく、相手も同じ。そこで「みんながお互いに認められることが幸せだ」とする、後期の共同体感覚が出てきたというのが、大まかな流れです。

前野　アドラー自身も、人間として成熟したように感じられますね。

平本　そう思います。若いころは大御所であるフロイトに負けまいとしていた部分もあったのかもしれません(笑)。

臨床現場から生まれたアドラー心理学5つの理論〈その5〉

全体論

アドラー心理学の5つの理論、最後の5つめは**全体論**です。

全体論とは「**人間の中には、本来、対立や矛盾は存在しない**」というアドラーの考えを前提とする立場です。

対極となるのは**要素還元論**。先にも解説したように「意識と無意識を分ける」のも要素還元的なアプローチですから、アドラーは採用していません。

仮想問題　**会社の飲み会に行けない**

行きたいと思っているはずの会社の飲み会なのに、ちょくちょく体調が悪くなって行けなくなることがあるという人がいます。

この問題を、全体論的に解決するにはどうしますか？

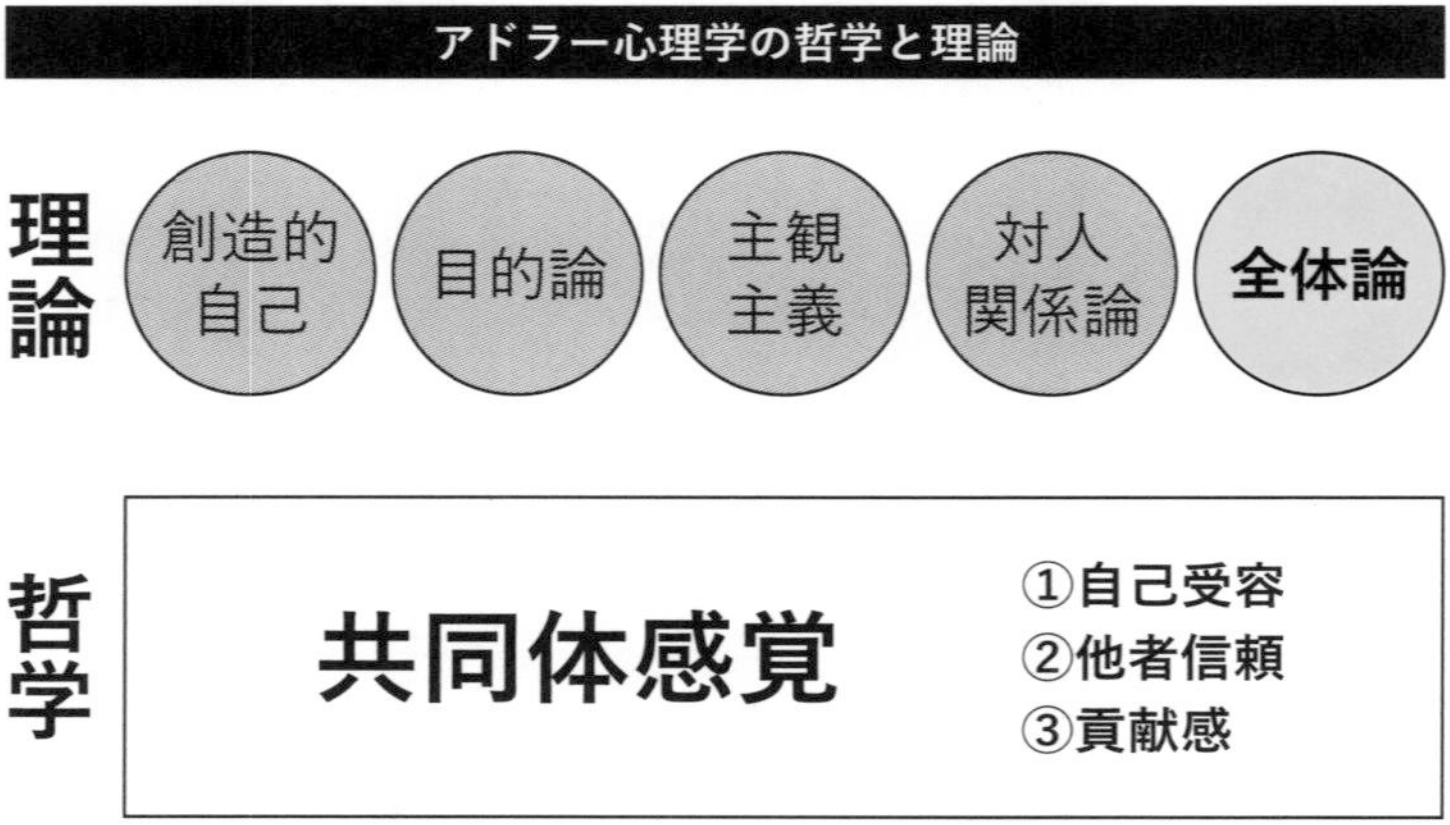

「行きたい」という感情と「行けない」という状況は対立しているように見えます。しかし、全体論は「人間の中には本来、対立は存在しない」とする立場ですから、この人の中にも対立はないはずです。

そこで「本当は行きたくないと思っているのではないか」という仮説が立てられます。

この前提に立つと、

「本当はどう思っていたの？」

「調子が悪いのは事実だけど、本当は面倒な気持ちがあって行きたくなかった」

「じゃあ、行きたくないから調子を崩してしまったのかもしれないですね？」

「そうかもしれません。短い時間なら楽しめるんですけど、途中で抜けるとカドが立つので、いつも長くなってしまうのが苦痛なんです」

「なるほど。飲み会に参加したくないのではなく、長時間になってしまうことや、カドが立つリスクを面倒だと感じていたんですね。では、どうしたいですか。これからも調子を崩して飲み会を避けるか、それとも途中で抜けるときにカドが立たないようにしますか？」

たとえば、こういったやりとりをして問題を解決することができるのです。ちなみに、やりとりの最後に出てくる**「カドを立てずにこちらの意志を伝える方法（＝アサーション）」**については第4章で紹介します。

アドラーは全体論を、人生全般にも適用しています。

つまり要素還元論のように、「あんな失敗をしてしまった自分は、もう生きていく価値がない」というふうに発想するのではなく、「あの体験は本当につらく、悲しいことだったけれど、あれがあったからこそ、気づかされたことがある。学んだことがある」と捉えるのです。**過去と現在、未来を通じても、人間の中に対立は存在しない**というわけです。

以上が、アドラー心理学の5つの理論、最後となる全体論の概要です。

カンのいい読者の方はすでにお気づきかもしれませんが、この5つの仮説は明確に分割できるものではなく、互いに重なり合っています。たとえば、今、ご紹介した全体論の仮想問題のアプローチは、目的論と非常によく似たものになっているのが、おわかりでしょう。
つまりアドラーの理論自体が全体論的なのです。5つの理論を明確に分けることはせず、全体として発想しましょうということなのです。

【解説】全体論という大きな視点の有効性

前野 たしかに「過去の苦しい経験にも良いところがあった」という全体論のアプローチは、直接的な原因を探すのではなく広く目的を探す目的論と似ていますね。

平本 そうなんです。**5つの理論自体が全体論で関連し合っている**と考えてください。目的論でもあり、主観主義、創造的自己、対人関係論でもある。つまり本人の見方次第なので、たとえ巨大地震のような大災害に遭った人であっても、つらさに寄り添いながらも、徐々に良い部分を見つけてもらうというアプローチが可能になる。客観的にはつらいままなのかもしれません。でも「あれ以来ずっとつらいばかりです」と言うよりは、「つらさもありましたが、人の気持ちがわかるようになりました」というところを見出していくほうが、幸せに近づくと思うんです。

前野 なるほど、すべて関連し合っているんですね。現代の科学的・分析的な見方では、つい、どの理論が適用できるのかを分けようとします。そういう現代科学の常識とは、全部逆になっている点が、アドラーのキモですね。

平本　そのとおりです。

前野　とくに全体論と目的論のように非常に大きな考え方から来る仮説は、分けて分析することが主流の現代心理学ではほとんど触れられていないと思います。というか、心理学よりも東洋思想に近い印象です。どうなったらいいかを考えるし、部分でなく全体から考えるし、すべてのことは縁起でつながっているという解釈もあります。

平本　たしかに西洋目線で見るとアドラーは「東洋的だ」と言われるのですが、東洋目線で見ると「西洋的だ」と言われるんですよ。第2章以降で解説する具体的な「技法」は、かなりしっかりと整理されていますから。

前野　なるほど。東洋、西洋と分けることを超えた全体性ですね。

平本　ご指摘のように、現代的な研究は「どの因子が何にどう影響したのか」を明らかにするのが基本的なスタイルですから、どうしても要素還元論にならざるを得ない。アドラーの全体論は、明らかにその正反対です。でも、というか、**だからこそ、これからの時代には全体論が必要だ**とも思うんです。

前野　同感です。個別に分けて研究することで正しさは高まったけれど、その反面、大きな視野で「ではどうしたらいいのか」という本質的・根源的な問いについて確証を持って答える理論がなくなってしまっている。だから、アドラーのアプローチは面白いし、可能性を感じます。

アドラーの全体論をチームにも拡張する平本式アドラー心理学

平本　私は、この全体論をその人の過去だけでなく、個人対個人、個人対組織にも応用しています。「我が家はこういうふうだから仕方がない」「うちの会社はこうなんだからどうすることもできない」ではなく、「そんな両親（上司）だったからこそ、得られたものはありませんか？そして、どんな家族関係（会社）になったらいいと思いますか？　その未来から振り返ってみたときに、活かせそうなことは何ですか？」と発想するというものです。この形で関わると、多くの人が幸せになることができます。

前野　アドラー自身はそこまで言及していないけれど、平本さんはチームにも適用して、成果を出しているということですか？

平本　そうです。アドラー自身は臨床目線なので、精神的に悩んでいる患者さんをマイナス領域からゼロへと引き上げようとします。これを組織開発やチームビルディングに応用して、ゼロどころかプラスへと短期間で引き上げようとするのが、私がセミナーなどでやっている平本式アドラーです。コーチングではゾーンやフローまで引き上げることもしています。

前野　それはすごい。その基礎はすべてアドラーなんですか？

平本　さまざまな手法を取り入れていますが、中心はアドラー心理学の哲学と理論です。ちなみにアメリカではアドラー心理学を**インディビジュアル・サイコロジー**（individual psychology）と呼ぶことがあります。それ自体はいいのですが、これをそのまま「個人心理学」と直訳すると、ニュアンスがかなり違ってしまうんです。個人的には、これは誤訳だと思っています。

前野　どういうニュアンスなんですか？

平本　私はアメリカのシカゴにあるアドラー心理学専門の心理大学院で修士課程を過ごしましたが、そのときに習ったのが、インディビジュアル（individual）の語源である**インディバイダブル**（indivídable ＝分割できない）というニュアンスでの「個」なんです。ですから**ホリスティック・サイコロジー**（holistic psychology）とも言われています。ただ、ホリスティックやコミュニティフィーリング（共同体感覚）を冠につけてしまうと、当時は「全体主義」や「共産主義」をイメージさせてしまうこともあったので、**インディビジュアル・サイコロジー**（individual psychology）と言うようになったと聞いています。

また、欧米では、「個人主義（individualism）」は、「集団に所属する一員としての役割や権利を相互に尊重し合う立場」という意味で使うことが多いので、そのニュアンスも含めて、伝わっていくといいなと思います。

アドラー心理学の全体像と共同体感覚の重要性

ここまでアドラー心理学の土台である共同体感覚とその上にある5つの理論を紹介してきました。

これらは、すべての基本です。

実際の臨床治療やカウンセリング、コーチングなどで使われる、多くの**技法**（具体的なツールやテクニック）は、この基礎の上に位置づけられています。アドラー心理学の技法にはさまざまなものがあり、アドラー自身が開発したものに加え、彼の後継者たちが発展させ、開発したものが、今では数多く存在しています。ちなみに平本式では、それらに加えて、現代心理学やコーチング理論などからも取り入れた約６００種類の手法を用いています。

左ページの図がアドラー心理学の全体像です。上から順に、構造を見ていきましょう。**技法**の内容については次章以降で紹介しますが、これは現実の問題を解決するための具体的な技術の総称です。図に挙げたのはその代表的な例で、基本的に**科学的なアプローチ**に則っています。

理論（創造的自己、目的論、主観主義、対人関係論、全体論）は、理論と呼ばれてはいるものの「人間の心理はこうなっている」という構造を規定するものではなく、「この立場で関わると臨床的に治療しやすい」というような立場に基づく**仮説**でした。ですから実証主義を重んじる立場からは「科学的ではない」とみなされることもありますが、真理を追求する科学と、効果を追求する臨床アプローチとは、そもそも目的が異なります。アドラー心理学は、あくまで治療効果を高めるための臨床工学的な仮説だと言えるでしょう。

しかし、その根底にある**共同体感覚（自己受容、他者信頼、貢献感）**は哲学です。これはもはや科学ではなく、言わば、アドラーの思想です。

アドラーは、「**共同体感覚は生まれつき誰にでも備わっている**」とかなり断定的に強調しています。

しかし、常にすべての人が強く感じているわけではなく、さまざまな理由で弱まってしまうことがあると考えていました。つまり「自分のことを好きではないから、幸せではない」「まわりを頼れないから、幸せではない」「役に立っていないから、幸せではない」という状態になることがあるのです。こうした人たちが幸せになるには、共同体感覚が育たなくてはなりません。そのために5つの理論（仮説）があり、それに基づいた技法を開発したのです。

つまり、アドラーにとって、すべての技法や理論は、共同体感覚ありきだと言えるでしょう。

アドラーが科学的な厳密さよりも、この共同体感覚という哲学にこだわった大きな理由の1つは、**心理学が人を思いどおりに操ることを避ける**ためです。たとえば、こんな事例を考えてみてください。

仮想問題 **自分で着替えができた幼稚園児にかける言葉**

幼稚園児の子どもが、その日は、自分で服を着替えることができた。

アドラーはこのとき、親や先生が「どうしていつもそれをやらないの！」と叱ることも、「自分で着替えられたね、偉い！」と褒めることも勧めません。どうしてでしょうか？

ポイントは、共同体感覚です。

叱る、褒めるはいずれも「上からの評価」ですが、アドラーの哲学では、すべての人はヨコの関係であり、誰かが誰かを支配するようなことはないのが前提となります。誰かを自分の意のままにコントロールしたり、支配することは哲学的に善ではないのです。

さらに、叱ってもし効果が出たとしても、それは「**叱られないようにするために、服を着替える**」ことになります。また褒めた場合も「**褒めてもらうために、服を着替える**」ことになる。すると、一時はやったとしても、親や先生（評価してくれる人）がいなくなると、やらなくなってしまうのです。

これは、**自分を人生の主人公として扱わず、周囲の評価にすべてを委ねてしまっている状態**です。アドラーはこれを明確に「**不幸だ**」と言っています。

このケースでアドラーが勧めるのは、目的論に基づいた**勇気づけ**（第4章で解説）という技法です。

「ありがとう。着替えてくれたおかげで、お母さん（先生）助かったよ」

たとえば、こんなふうに声をかけます。すると本人は「自分で着替えると、まわりの人の役に立てるんだ」と気づき、貢献感を高めることができるのです。また、親や先生がいなくても、続けるようになります。

このように、**共同体感覚という哲学は、心理学のテクニックが誰かをコントロールする危険を避けるために欠かせないものであり、そして同時に、多くの問題をスピーディに、本質的に解決するためのものでもある**のです。

この哲学があったからこそ、アドラー心理学はおよそ1世紀ものあいだ、独自の存在感を持ち続けているのだと言えるでしょう。

【解説】アドラーが科学を手放してでも守りたかったもの

前野　これまでにもアドラー心理学の本は何冊か読みましたが、共同体感覚と目的論の重要性は理解できても、お互いの関係がよくわからなかったんです。でも、平本さんの解説は非常にわかりやすいですね。共同体感覚という哲学が一番大事で、これを抜きにして、目的論のような理論や技法を使うことはあり得ないというのが、アドラーの基本的なスタンスということですね。その説明は、非常にスッキリと納得できます。

平本　そうなんです。共同体感覚なしで理論・技法を使えば、それこそ思いどおりに人を操作できてしまう。ひょっとしたら相手を支配する可能性すらある。アドラーはそうならないために、ある意味で**科学的であることを手放してでも、共同体感覚という哲学を手放さなかった**のだと思います。

前野　だから、全体の目的については思想で述べ、理論と技法は論理的に分解して述べる構造になっているわけですね。面白い。

平本　共同体感覚に根ざすことで、現場でのカウンセリングやコーチングの効果も高まるんです。スピーディでもあります。もっと言えば技法やツールを使い分けるのにも有効なんです。

前野　どういうことですか？

平本　今、カウンセリングやコーチングの分野には、さまざまな観点から、数多くの手法が開発されています。私のところにも、そうしたものを学ばれた方がよく来られるのですが、みなさん「どんなケースでどの技法を使うべきかわからない」とおっしゃるんです。でも、アドラー心理学には哲学という根っこがありますから、常にそこに立ち戻ることができます。私が60を超える技法を使うときも、根本には常に共同体感覚があるんです。

前野　ああ、なるほど。それは現代の実証心理学にも欠けている点ですね。要素還元論的に、細かく分かれてバラバラに研究しているから、全体としてどうなっているかを誰も語れない。僕が幸福学という学問を提唱しているのは、そこをつなげていきたい、変えていきたいと思っているからです。そういう意味ではアドラーと近い面があります。

共同体の定義

前野　アドラーの言う「共同体」の範囲については、どう解釈されているんですか？

平本　一番現実的な共同体は、**自分や相手に関わる人すべて**です。たとえば、自分の子どもがイジメられて帰ってきた。そのとき、自分と子ども、イジメた子とその親、クラスメイトなど関係する人たち全体にとって「どんな意味があるんだろう」と発想するのが、共同体感覚のある状態。「うちの子がひどい目にあった」しか考えないのが、共同体感覚がない状態。

前野　わかりやすいですね。

平本　アメリカのアドラー学派は現実主義的なので、共同体の範囲を限定的に定義しています。大まかに言えば**「人類が生まれ、今後人類がこの地上からいなくなるまでに現れるすべての人類」**という定義で、その共同体にとってプラスになるかマイナスになるかと発想します。つまり「過去・現在・未来のすべての人類にとってどんな意味があるか」という発想ができるのが、共同体感覚のある状態。「自分にとってどんな意味があるのか」という発想しかできないのが、共同体感覚がない状態。ところがヨーロッパのアドラー学派は、このアメリカの定義を「エゴである」と否定しているんです。

前野　ほお。

平本　彼らは**「人類だけでは足りない。動物や昆虫のような生物たち、山や海、空といった周囲の環境も含まれる」**と言っています。たしかに、人類さえ幸せなら、動物はいくらでも殺していい、環境を汚染しても構わないとは言えません。それらも全部含めた**生態系全体が共同体である、**というのがヨーロッパ学派の立場です。

前野　それぞれ、アメリカらしい、ヨーロッパらしい解釈ですねえ。そして、ヨーロッパ的な解釈は、生きとし生けるものの幸せを願う大乗仏教や、八百万《やおよろず》の神を敬う神道のように、全体性を大事にする東洋的解釈とも関連しそうです。

平本　個人的にはヨーロッパ学派の定義にすごく賛成なんですが、「理想主義すぎて現実的ではない」という声にも一理あると思います。やはりアドラー心理学で大事なのは現実の問題に対処できることだと思うので、そういう意味ではアメリカ学派にも賛成ですし、目の前の問題に対処する際には、「関係者全員」くらいの範囲を視野に入れるところから始められれば上出来、と考えておけばいいのではないでしょうか。

第2章　アドラーの目的論は人も組織も幸せにする

原因論（⇔目的論）は〈悪いところ〉を見つけて直す

この章では、アドラー心理学の特徴である目的論（広義の目的論）について、できるだけ詳しく、具体的に、なおかつ、みなさんが実践しやすいように解説していきます。

今の日本が抱えるさまざまな問題を解決するためには、アドラー心理学の中でも、とりわけ**目的論の理解と実践がキーとなります**。

その理由を実感するためには、目的論とは対照的なアプローチである原因論について知っていただくのが近道です。まず、この簡単な問題を考えてみてください。

仮想問題1　原因論の問題解決モデル

図は9つの部品から成り立っている何かの機械を示しています。

この機械が動かなくなったとき、あなたはどうしますか？

答えは「**悪い部品（4）を見つけて、そこを直すか取り替えて、戻す**」です。

原因論の問題解決手順をまとめると、こうなります。

〈原因論の問題解決〉

ステップ1＝悪いところ（問題の原因）を見つける

ステップ2＝直す（原因の修正）

ステップ3＝上手くいく（問題の解決）

この問題は、かなり多くの方が正解できたのではないでしょうか。

それは「**物事が上手くいかないのは、どこかに悪いところ（原因）があるせいだ。それを見つけて、直せばいい**」と発想する原因論のアプローチに私たちが慣れているからです。

現在、世の中にある仕事のほとんどは原因論で成り立っていると言ってもいいでしょう。

原因論の問題解決モデル

9つの部品から成り立っている機械の例

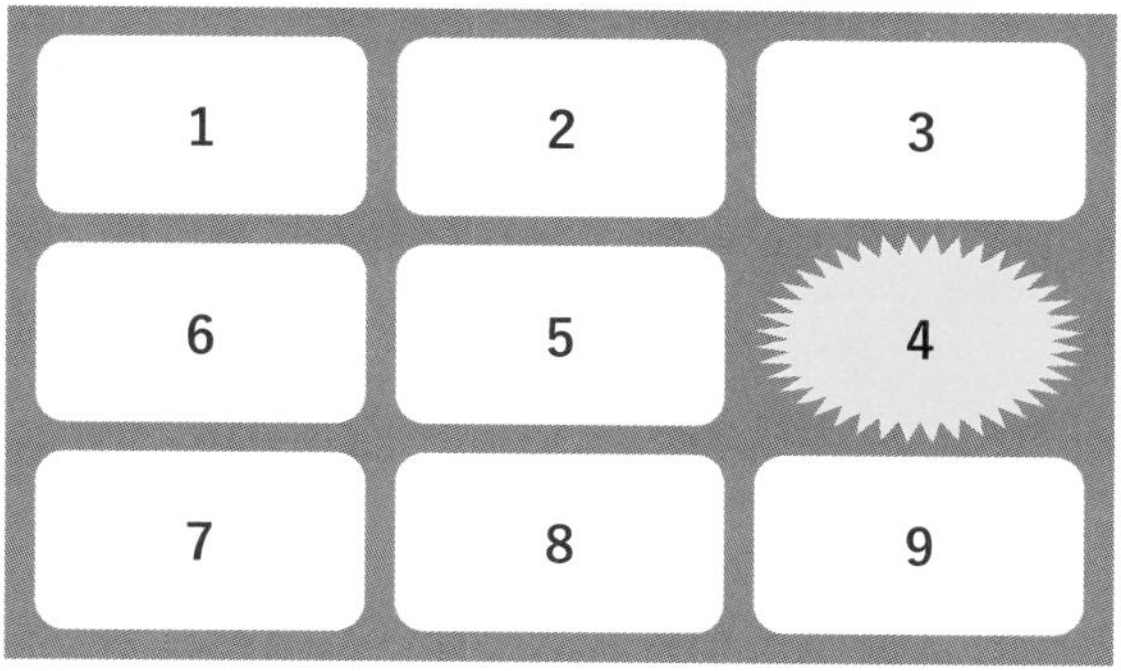

しかし、ここで想像してみてください。もし、あなたのパートナーや恋人、親友が、あなたの性格について原因論で関わったらどうでしょうか？

つまり、「誠実で、思いやりがあって、努力家で、気が利いて、責任感があって、優しくて、素直で、几帳面」と良いところをたくさん挙げつつ、あえて悪いところ（問題の原因）を見つけて、「でも退屈な人だ」と言ったとしたら。これが原因論のステップ1です。

次にステップ2に移ります。

退屈な一面のある人が退屈な面を出してしまうたびに、大切な相手から「そういうところが退屈だ」と繰り返し言われ、直すことを迫られるかもしれません。

こうした関わり方で、相手の主張を受け入れて「よしわかった、退屈さを直そう」と思える人はめったにいません。「うるさい」とか「そっちにも直してほしいところがある」と反発したり、「どうせ私は退屈だから」と開き直るケースが大半ではないでしょうか。なかには、「退屈な私は魅力がないんだ」と落ち込んでしまう人もいるでしょう。ところが、相手は原因論のアプローチをしているつもりですから「責めているんじゃなくて、直してほしいから、悪いところを指摘しているだけ」と、反論される可能性もあります。何度も何度もしつこく言われ続ければ、いずれ根負けして「わかったよ。努力する」と受け入れることもあるかもしれません。しかし、このアプローチでは、相手はどんどん前向きではなくなってしまうのです。

こうなってしまうのは、「あの人に変わってほしい」と思っているのはこちら側の目線（自分目線）の問題だからです。自分目線の「あなたの悪いところ」をそのまま口にして、相手が変わることはありません。

アドラー心理学では、**人間はみな主観に基づいている**と想定します。他人とのコミュニケーション、自分のメンタル（自分自身）とのコミュニケーションのどちらも主観です。

このような**人の認識に関わる問題の解決には、客観の科学である原因論は適さないことが多い**のです。

【解説】原因論が有効な2つの例外

前野　原因論が通用しない例、よくわかります。たしかに妻からそんなふうに言われたら、僕もケンカ腰になるでしょうね。納得できます。ただ、たとえば自分の上司から、仕事の内容について原因論で言われた場合は、謝って、直すしかない気もします。まあ、正直、「そんな言い方しなくてもいいだろう」とか、「くどいなあ」とは内心で思うかもしれませんが。

平本　そうですよね。ところが相手は「**自分は認めるべきところはちゃんと認めている。でもダメなところがあるから、そこを直せと言っているだけだ**」と思っているのがクセモノなんです。たしかに原因論で理屈は通っているんです。でも、言われる側はだいたい腹が立つか、落ち込んでしまう。

前野　その上司を尊敬していたら違うかもしれません。「ありがとうございます。申し訳ありませんけど、**もう一度教えてくれませんか**」とか「気合いを入れ直して、がんばります」みたいに対応できるのではないですか？

平本　おっしゃるとおりで、じつは原因論が有効なケースが2つあるんです。1つは**尊敬や信頼がある場合**で、明確な上下関係と言ってもいいでしょう。2つめは**志が高い場合**です。

前野　ああ、なるほど。後者はいわゆる「打たれてもがんばって伸びるタイプ」ですね。

平本　「いつかスティーブ・ジョブズのように画期的なプロダクトをつくるんだ」なんていう熱い志に溢れている人は「大層な夢を語るくせに、こんなこともできないのか！」と原因論で叱責されても「はい。二度と繰り返さないようがんばります！」と素直に受け取れる。

前野　「悪いところがあったら、どんどん注意してください」と言って、本当に「**ありがとうございます**」と指摘を受け止められる志の高い人って、たしかにときどきいますね。自己肯定感も高いし、エネルギーがあるなと思います。

人間は、意識を向けたところが強化される

平本　ええ。**強い信頼関係がある場合、志が非常に高い場合は原因論でもいい**ことがあります。でも、そうでないと、逆になってしまうんです。アドラーは「**意識を向けたところが強化される**」と言っていて、つまり「**退屈だ」と言われ続けると、どんどん退屈な人になってしまう**んです。

前野　たしかに欠点は一度気になると、目につきやすくなりますね。

平本　そうなんです。良いところよりも、悪いところを探してしまう。しかも、言われる側の立場から見ると「あなたのそういうところが退屈だ」と第二人称で言われ、誰かに向かって「あの人は退屈なところがありますよね」と第三人称でも言われるかもしれません。すると、第一人称である自分自身でも「昔からそういうところがあるのかもしれないなあ」と、悪いところ探しをしてしまう。自分にも、他人にもそうなるんです。アドラーはそうやって**意識を向ければ、悪いところがさらに強化される**と考えます。

前野　それでは直りませんね。それで目的論が出てくるというわけですか。

目的論（⇕原因論）は〈悪いところの反対〉に注目して強化する

解決したい問題に直面したとき、私たちはたいてい原因論を用いています。しかし、人の主観が関わると、それでは解決できないケースがあることがわかりました。それどころか、アドラーは**意識を向けたところが強化される**と考えますから、原因論の解決法はむしろ悪いところ（＝原因）を増やしてしまう結果になりかねないのです。

ではどうするのか。そうです、いよいよ**目的論（広義）**を使うのです。

原因論と同じモデルで解説しましょう。

9つの性格があるとして、1つだけ**悪いところ＝退屈**を見つけました。ここまでは同じですが、ここからが違います。

目的論では、ここに意識を向けるのではなく、その反対に意識を向けるのです。**退屈の反対は楽しいとかロマンチック**とかでしょうか。そう決めたら、そこに意識を向けて、強化するようにしていきます。

目的論の問題解決手順をまとめると、こうなります。

〈目的論の問題解決〉

ステップ1＝強化したいところ（悪いところの反対）を決める
ステップ2＝指摘する
ステップ3＝上手くいく

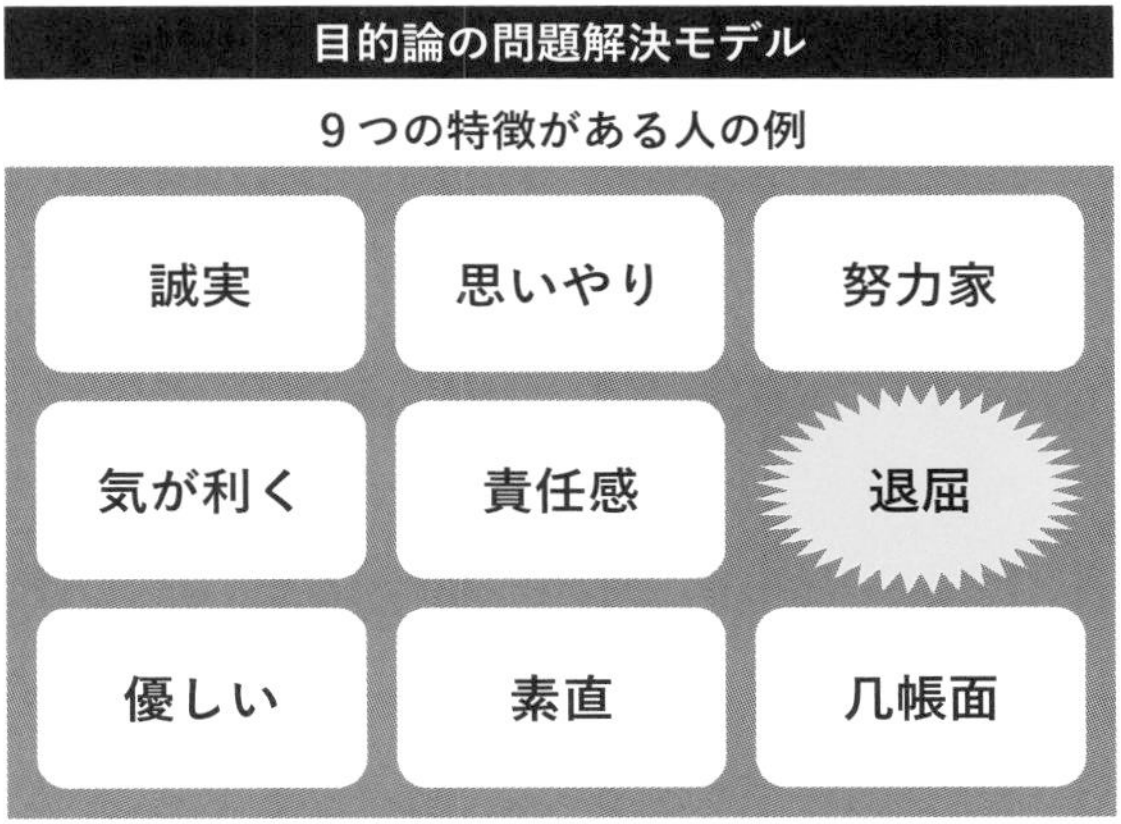

つまり、**悪いところの逆**（退屈ならば、楽しい・ロマンチック）が発生しているところを指摘すると、意識がそちらに向き、**悪いところの逆**の発生率が高まる、というわけです。

この例で言えば「あなたのそういうところが退屈だ」と指摘するのではなく、たとえば「去年のクリスマスにもらった手書きのカードはうれしかった」と伝えます。

言われたあなたはどう感じますか？

うれしくなって「今年もあげようかな」「今度はもっとすごいことをしようかな」なんて自然に思えるのではないでしょうか。少なくとも、原因論のときのように反発する気持ちは湧きにくくなると思います。

イメージをつかみやすくするために、具体例をいくつか挙げてみます。

原因論と目的論の比較事例1　家事をしない夫

「うちの夫は家事をまったくやってくれない」となげく妻の例。

原因論

家事をしない夫に意識を向けて、「今週も何もしてくれなかった」と指摘して、改善してほしいと忠告する。たまに食器洗いをしても「珍しい。それが続けばいいけど」とか、「家事は食器洗いだけじゃない」と言ってしまう。⬇夫はやる気が湧きにくい。

目的論

家事をしてくれたとき（＝「家事をしない」の逆）に意識を向け、やり方が少々まずくても、ちょっとした手伝いレベルのことでも、そのたびに「ありがとう」とか「今日は疲れてたから助かった」と素直な感謝を示す。➡夫にやる気が湧きやすくなり、「またやろう」と自然に思える。

原因論と目的論の比較事例2　食卓をちらかす子ども

食事のたびにテーブルの上をひっくり返してしまう3歳の子どもとお母さんの例。

原因論

ちらかすたびに「やめなさい」と叱ったり、「自分で片づけなさい」と強く言っていたらかえって反発して、ひどくなった。➡子どもにやる気が起きていない。

そこで自由にさせたが、まったくやめない。片づけも大変で食事のたびにストレスがたまってしまう。

目的論

外で遊び疲れたときなど、ごくまれに（10回に1回程度）静かに食卓についていること（＝「ちらかす」の逆）があった。そこですかさず「○○ちゃん、ありがとう。静かに座って食べてくれると、ママもパパもゆっくり美味しく食べられるよ」と伝えるようにした。➡子どもが静かに食卓につくことが増えていった。

事例2のお子さんの例は、平本式のカウンセリングセミナーに来られた方の実話です。

ご両親が目的論で関わるようになってすぐ、静かに食卓につく回数が5回に1回くらいに増え、数週間もしないうちに食卓をちらかすことはほとんどなくなったと言います。もちろん人それぞれですが、目的論の効果はかなり早く出るのが特徴です。子どもの場合はもっと早く、顕著に、変わることがあるのです。

もう1つ、子どもの例を紹介しましょう。これも平本式で目的論を学ばれた方の体験談です。

原因論と目的論の比較事例3 **自転車の練習をする子ども**

子どもに自転車の乗り方を教えていたお父さんの例。

原因論

お父さんが「背筋が曲がってる。まっすぐにしなさい」「ヒジが曲がってる。もっと伸ばして」と、姿勢が崩れるたびにそこを直すように指摘していた。子どもも一生懸命直そうとしているけれど、まったく上達しない。⬇意識することで、悪いところが強化された。

目的論

お父さんに声をかけて、代わりに目的論で教えてみることにした。

具体的には、たまたまバランスが整って背筋がまっすぐになったときに、すかさず「背筋まっすぐでいいね」と声をかけ、ヒジの角度が良くなった瞬間に「ヒジの角度、ちょうどいいよ」と言うようにした。すると30分ほどで乗れるようになった。⬇強化したい行動（背筋がまっすぐで、ヒジの曲がらないバランスのとれた状態）が発生した瞬間にそれを指摘したことで、そちらに意識が向き、発生率が高まった。

【解説】目的論で関わるとは、相手の立場で感じること

前野　こうやって学ぶと「そのとおりだ」と納得できますね。それなのに、僕も含めた多くの人が、こうした問題にたいてい原因論で関わってしまうのはなぜですか？　共同体感覚が現代社会で育っていないからでしょうか。

平本　そうですね。「**相手の立場で感じ、考えるという習慣がないから**」と言ってもいいと思います。だから、このような事例で相手の立場に立ってもらい「大切な人に『退屈だ』と何度も言われたらどうですか」「家族に『家事をしてくれない』と言われ続けるのと『今日はありがとう』と

言われるのと、どちらがやる気になりますか」と、仮想的にでも感じてもらうと、どんな人でもあっという間に「なるほど」となる。だからアドラー心理学を学べば誰でも変われる、と私は思っています。

前野　なるほど。実体験ですね。それにしてもご紹介してもらった実例のように、そんなにすぐ、劇的に変わるものですか？

平本　変わります。もう1つ私自身の体験をお話ししますと、昔、自他共に認める自己チュー（自己中心的）な女性とつき合ったことがあるんです。2人で花火を観に行って、私が場所取りしているあいだに「飲み物を買ってくる」と自分の分だけ買ってくるような子です。

前野　それはなかなかすごいですね（笑）。

平本　「その性格、直したほうがいいと思うよ」と言ったら「昔からずっと自己チューと言われてるし、私はそういう人間だから」と開き直っている。それで「自己チューと口に出すと原因論になるな」と思って、目的論で関わろうと思ったんです。自己チューの反対は「思いやりがある」だと考えて、思いやりがあるところを見つけようと決めました。

前野　おお、どうなりましたか？

平本　寝転んで花火を観ようとシートを広げたら、彼女がかなり広めに芝生で汚れた部分を掃き始めた。もしかしたら、自分の陣地を広げたかっただけかもしれませんが、見方によっては「僕のところまできれいにしてくれている」とも受け取れるので「思いやりあるよね。ありがとう」と言ったんです。ちょっと驚いていたものの、喜んでいるようでした。そのあと、たこ焼きとフランクフルトを買ってきたときも「ありがとう、俺がこれ大好きなのを覚えててくれたんだ。思いやりあるよね」と言いました。もしかしたら、私のためではなくて自分の分だけだったのかもしれませんが（苦笑）、それでも少しうれしそうでした。

それからしばらくしたとき、ついに向こうから「あきおさんも何か飲む？」と聞いてくれたんです。当然だとも言えるし、「やっと気にかけてくれたのか」という気持ちがありましたが、「ありがとう。聞いてくれるなんて思いやりあるね」とお礼を言いました。そうこうしているうちに、どんどん自己チューな振る舞いは減り、思いやりのある彼女になったんです。

Yes butではなく、Yes andで話す

前野 どのくらいの期間でそうなったですか？

平本 彼女に関しては数週間で、はっきり変わりました。

前野 そんなすぐにですか、しかも激変した。

平本 はい。ちなみに目的論で話すときは、**Yes but（それいいね。けれど、ここはダメ）**ではなく、**Yes and（それいいね。そして、これをしてくれたらさらにうれしい）**という言い方にするの

がポイントです。

前野　アメリカに留学したとき、驚いたのがまさにそのことでした。どこの大学のどの教授もみんなが常にYes andで話すんです。１９９０年前後でしたから、日本ではまだNoやYes butばかりで「どうしてこんなこともわからないんだ！」なんて叱責する先生も珍しくなかった時代なので、「なんてポジティブなんだろう」と衝撃を受けましたね。あれは、勇気づけだったんだなあと思っていましたが、目的論という意味でも合理的なんですね。

平本　アメリカはヨコ社会が大前提ですから、自然にそうなったのかもしれませんね。

原因論は正しさ追求、目的論は楽しさ追求だからこんなに違う

このように、原因論ではなかなか解決できなかった問題が、目的論を使うとびっくりするほどあっさり解決できることがあります。

もう１つ実例を紹介しましょう。小学校６年生のお子さんを持つお母さんのお話です。

そのお子さんは他の教科はまずまずなのに、国語だけは本当に苦手だったと言います。通っている塾の同級生１７０数人中、１７０番。ほとんど最下位でした。

それで、塾の送り迎えのときの会話に、目的論を使うことにしました。まず、成績の良いところに注目して「算数の成績上がったね」「社会は歴史関係が得意みたいだね」と話すと会話は弾みます。苦手な国語も、できているところ、理解できているところを聞き「そうなんだ。そこは解けるんだ」「それもわかるようになったんだ。前はできなかったところだよね。すごいじゃん」なんていう話をして、「悪いところの反対」に意識を向けるようにしました。

そして、子どもが「でもさ、穴埋め問題が全然わかんない」と言うようなときには「どうした

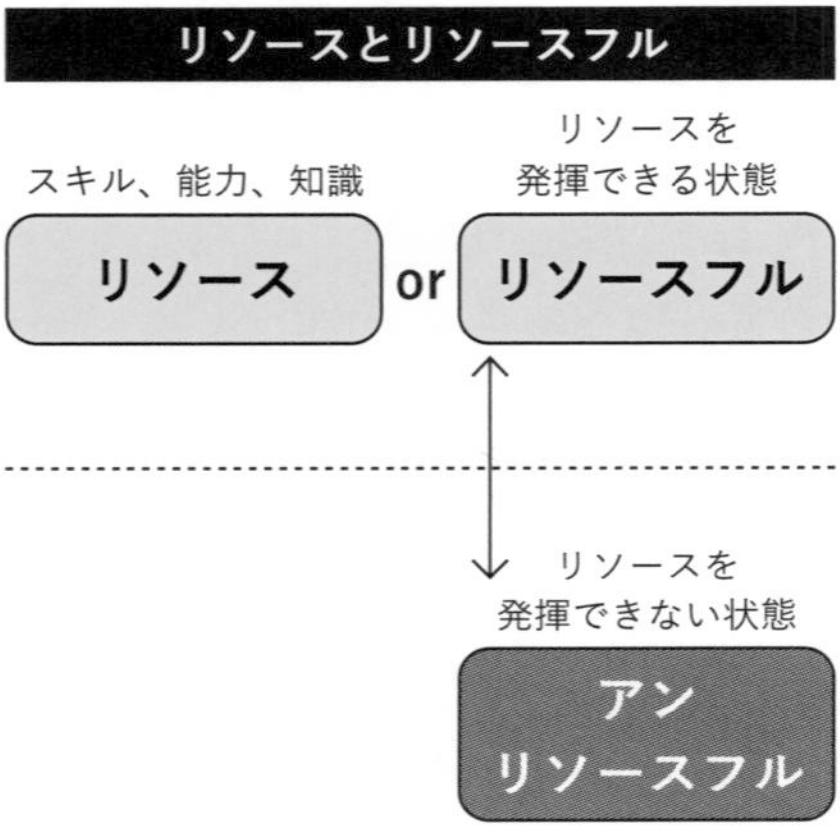

らいいと思う？」と子どもと一緒に考えるようにしたそうです。

このような関わり方を始めて3カ月で、その子の国語の成績は塾で1番になったんです。

信じられないかもしれませんが、これは私が以前、家庭教師をしていたときのエピソードを紹介したところ、興味を持ったあるお母さんが「真似をしてみたら、本当に成績が上がったんです」と知らせてくださった実話です。

どうして原因論と目的論で、こんなに違いが出るのでしょう。

ここはアドラー心理学というより、平本式アドラー心理学の解釈で解説します。

右の図を使って説明しましょう。

リソースは、スキル、能力、知識、技術といった、その人が持っている資源です。

リソースフルは、心に余裕がある意識状態です。視点、視野が広く、自分の持つリソースを十分に活用できます。

アンリソースフルは、リソースフルの反対です。心に余裕がなく、アップアップな意識状態で、自分の持つリソースを十分に活用することができません。

この3つの観点から原因論、目的論を定義すると、こうなります。

原因論＝リソース追求型の解決。技術や能力に注目して、正しさを追求する。
目的論＝リソースフル追求型の解決。心の状態が良いか、楽しいか（＝リソースを十分に活用できるか）を追求する。

オリンピックに出場するようなトップアスリートを合宿などで指導するケースを例にして比べてみましょう。

原因論のアスリート指導〈リソース追求型〉

技術を磨き、ミスを防ぐために原因論で徹底的にダメ出しをする。メダルが期待される選手には「絶対に金を獲るんだ。それ以外は意味がない」と鼓舞する。

⬇一部の選手は「がんばるぞ」「やるぞ」となる一方で、「優勝できなかったらどうしよう」という不安からビクビク、オドオドしたアンリソースフルな状態になる選手も多数出てしまう。

目的論のアスリート指導〈リソースフル追求型〉

ミスを防ぐことよりも、選手の持っている良い部分や成長に意識を向ける目的論で関わる。メダルは関係なく、本人にとってベストなパフォーマンスが出るよう鼓舞する。

⬇本人が持っているリソース(技術、能力)を最大限発揮できる、リソースフルな心の状態で試合に臨むことができる。また練習にも前向きに取り組めるので、リソースの向上も期待できる。

スポーツに限らず、人生のあらゆる場面において、リソース(技術、能力、知識)はもちろん大事です。しかし、そこだけを追求するあまり、心がリソースを十分に発揮できない状態(アンリソースフル)になってしまったら、意味がありません。原因論が上手くいかないケースの多くが、そのパターンに陥っていると言えるでしょう。

だから、リソースフルを追求する関わり方である、目的論で大きな成果が出せるのです。

【解説】リソースフル教育という考え方

前野　幸福学と同じですね。幸福学では、ウェルビーイングな心の状態だと、創造性や生産性が高まり、成績も上がるし、リーダーシップも発揮できると考えます。これはまさにリソースフルな状態です。

平本　そうですね。

前野　そこで思うのは教育についてです。従来の教育は、社会や組織に貢献できるリソースを教えるリソース教育が基本でした。ところが近年、組織においてはモチベーションやエンゲージメントといったものに注目が集まるようになり、ウェルビーイングを高めることに力を注ぐところも増えています。**リソースフル教育の方向に向かっている**と思います。

平本　おっしゃるとおりだと思います。学校教育においても「詰め込み教育はダメだから、ゆとり教育にしよう」と移行した時期がありましたが、ゆとりを持てば誰もが必ずリソースフルになるわけではありません。ゆとり教育でリソースフルになった子もいる一方で、ただ空いた時間を持て余してしまっただけの子もいる。私は、目的論の観点が欠けていると思うんです。教育の場で今、必要なのは、もっと**アクティブに相手をリソースフルにしていく働きかけ**ではないでしょうか。アドラーの言葉で言えば、勇気がある、勇気が湧いている状態にしていく教育です。

前野　明らかにそちらに向かっていると思いますね。

平本　ですから、原因論がダメなのではなく、原因論で関わることによってアンリソースフルになるのがダメなんです。そして目的論で、強化してほしいところを指摘する関わり方だと、**リソースフルになりながらリソースも高めることができる**んです。

「駆け込み乗車はおやめください」は原因論

平本　スポーツ心理学では「緊張しすぎても、リラックスしすぎても、パフォーマンスは低くなる」と言われます。だから、あまりにもダラケた相手には原因論で厳しく関わったほうが、緊張感が増してパフォーマンスが上がる。でも、過緊張状態になっている人に「ここがダメだ」「あれを直せ」と指摘すれば、余計に緊張が高まってパフォーマンスは落ちる。アドラー的に言えば、悪いところに意識が向いて、そこが強化されてしまうからです。

前野　そうなりますね。

平本　駅のホームで「駆け込み乗車はおやめください」というアナウンスが流れることがありますよね。ダメ出しをする原因論的なメッセージですが、あれを聞くととっさに走り出す人がいる。何を隠そう私もその1人で、とくに急いでもいないのに、反射的に汗だくで電車に飛び乗ってしまった経験が何度かあります(笑)。

前野　ははは。

平本　これは私流の仮説ですが、人間の脳は言語の内容よりも、そこから想起される画像の影響を強く受けてしまうからだと思うんです。実際「駆け込み乗車はおやめください」というワードをGoogleで画像検索すると、電車に駆け込んでいる人間のイラストばかりが出てきます。人間の脳にも似たところがあって、あのアナウンスを聞くと駆け込む方向に意識が向いてしまうのではないでしょうか。

前野　ああ、なるほど。最近「おやめください」といった否定語を脳は理解できないという人がいますが、脳科学的に、それは誤解を招く表現だと思っています。脳はもちろん否定語を理解できますが、文脈を理解するのは高次な処理なので、ほんの少し時間がかかる。つまり、一刻も早く電車に乗りたいときに耳に飛び込んできた「駆け込み乗車」のイメージが先に処理されてしまい、脳の別の部分で否定の文脈を理解するのがほんの少し遅れる。そのあいだに走り出してしまった、といったメカニズムであると考えるべきだと思います。

平本　ところが最近では鉄道会社も目的論的になって「駆け込み乗車はおやめください」の代わりに「次の電車をご利用ください」とアナウンスする駅が増えているようです。

前野　言われてみれば、そうですね。たしかに目的論的になっている。

平本　私はアスリートのイップスやパニック障害の治療にたずさわることがあるのですが、「絶対に三振だけはするな」「三振したら1日ずっとランニングだ」なんて言葉をかけられ続けたことでイップスになってしまったケースは今でも枚挙にいとまがありません。原因論で、多くの才能ある選手が潰れてきたんだと思います。監督やコーチは潰すつもりなんてまったくありません。伸ばすつもりでやっているのに、そうなっている。だから、リソースフルになるかどうかという発想が必要だと思うんです。

前野　リソースフルは幸せ、アンリソースフルは不幸せな状態だと言えますね。

平本　はい。成功者の方は「**幸せになると、成功する**」と言いますよね。でも、「**成功したら、幸せになる**」ではない。まず先に幸せにならないといけない。

前野　そうですね。まず幸せになるところから始まるんです。

〈実践編1〉ダメ出し上司に「それはダメです」は負の連鎖の始まり

目的論は日常生活のさまざまなシチュエーションで活用することができます。まだまだ社会の大半は原因論の論理で動いていますから、今、上手くいっていない部分に目的論というアプローチで関わることには大きな意味があるはずです。

ここからは、目的論の実践法について、具体例を紹介しながら解説します。

職場で目的論を実践しようとする方からよく相談されるのが、原因論の上司です。チームをリソースフルにしようと、スタッフに「君はどうしたい？」「そうなんだ。じゃあ、その目標に向かうためにどうしようか？」と目的論で関わっているのに、上司が「そんなことより、この前みたいなミスは二度と許さないからな」と原因論で介入してしまうので、台無しになってしまう。

似たような経験をお持ちの方は少なくないのではないでしょうか？

〈目的論の実践例〉ダメ出しばかりの経営者に目的論で関わる

平本式で学ばれた方が実際に体験したケースを紹介しましょう。

その方が本社から出向した先の子会社の社長は、非常に仕事のできるカリスマ経営者でした。

しかし、いつも現場で社員のダメ出しをしており、若い社員でも容赦しません。そのため新人の大半が続かず、辞めてしまっていたのです。

「原因論でやっているんだな」とすぐに気づいたそうですが、最初は上手く対応できなかったと言います。そして、しばらくして、気づいたそうです。

「原因論をしてしまう人に、自分も原因論で関わろうとしている」

つまり、ダメ出しをしている人(社長)に対して、自分も「そんなふうにダメ出しばかりしているからダメなんですよ」とダメ出しをしてしまっていたわけです。

これは、その場に関わる人全員が原因論から抜け出せなくなる悪循環、負の連鎖の典型です。

目的論ステップ0＝「主観主義で相手に寄り添う」の導入

では、どうすれば良いでしょう。

目的論の問題解決は、**ステップ1「強化したいところ(悪いところの反対)を決める」、ステッ**

プ2「指摘する」の順です。しかし、仮に「若い社員を褒めているところ」を指摘しようにも、その機会がありません。そこでいわばステップ0として「**主観主義を使って、相手の不平不満に寄り添う**」ことにしました。

たとえば、社長が「本当にあいつはダメだ」と言ったら、「ああ、そうなんですね」と共感して「彼女のどこがダメなんですか？」と教えを請う形で聞きます。

「あれがダメ」「ここが甘い」「これができない」と挙げるようなら、「そうなんですね」と1つずつ共感し、受け入れながら聞く。もちろん反論はしません。相手が不満に思っているところをスッキリ言い尽くすまで聞いたうえで、こう質問したんです。

「彼女の悪い点をたくさんご指摘いただきました。それで社長は将来、彼女にどんなふうになってほしいんですか？」

「いや、たしかに○○については適性があると思う。可能性はあるんだから、その強みを活かせば、もっと活躍できるんだよ」

このように、**不平不満やグチを言い尽くして本音を出し切ると「どうなってほしいか」が出てきます。**つまり、それまで意識を向けていた部分（部下の悪いところ）をすべて出し切ることで、意識が他の部分（部下の良いところや可能性）に向いたのです。

目的論のスタート

ここからいよいよ目的論のステップで関わります。

部下の良いところを指摘してくれた社長に対し、こう聞いたそうです。

「なるほど、それはすごく良いですね。彼女にどんな言葉をかけたら、社長の期待するように動いてくれますか？」

「それは、まず全然できてないところを直せるようにもっと注意しないと」

返ってきたのはまた原因論でした。これでは元に戻ってしまいます。そこで共感したうえで、すかさず、主観主義でこう問いかけました。

「なるほど。社長があの子の立場だったら、そう言われてやる気は出るものですか？」

「まあ、たしかにあんまり注意ばかりされたら、やる気以前に落ち込むかもしれないな」

「そうなんですね。では、彼女の立場で上司にどんなふうに言われたら、社長の期待に応えようとやる気をもってもらえますかね？」

「そうだな。『○○と△△は上手くできているからその強みは活かして、あとはもっと□□したら、絶対成果が出せると私は信じている。だから自信を持ってやりなさい』みたいな感じかな。これなら落ち込まないし、やる気も出るんじゃないか？」

「ああ、それは良いですね。社長、教えていただき、ありがとうございます」

こんな感じでお礼を言ったそうです。

このやり取りは「部下が上司に相談をしてアドバイスをもらった」という形をとっていますが、じつは社長にコーチングをしているのと同じです。しかもこの方は、目的論で社長に関わりつつ、同時に、社長にも目的論で社員に関わってもらえるように働きかけたとも言えます。

こうしたやり取りをしばらく続けていくうちに、原因論の社長はいつの間にか目的論の人に変わっていたそうです。

【解説】原因論に原因論で関わるという負の連鎖

前野　右の例は絶妙ですね。逆に、ダメ出しばかりする上司に、部下がダメ出しをしてしまうというシチュエーションは日本中で起きていそうですね。

平本　はい。**原因論に原因論で関わるという構図は、日本でずっと起こり続けている負の連鎖**だと私は思っているんです。不平不満ばかり言う人に「そんなふうに不平不満ばかり言うからダメなんだ」と不平不満で返してしまう。誹謗中傷をしてくる人に「お前が誹謗中傷したから、あの人は傷ついてしまったんだ」と攻撃してしまう。1つの誹謗中傷に対して、みんなが誹謗中傷でリアクションし、連鎖が始まる。これが原因論が蔓延《まんえん》する一因になっていると思います。

前野　その連鎖を起こさないために、**相手に寄り添うことで、意識の向け方を変えてもらい、目的論で関わる**ということですね。そんな社長がいたら、つい「相手の気持ちになって考えろ！そのくらいはわかるでしょう」なんて言いたくなるけれど、自分では気づけないから、そうなっている。だからまず主観主義で、寄り添う。

平本　そうです。原因論の人に「相手の立場に立って考えろ」と言うのも原因論なので、そのアプローチは原因論が蔓延するきっかけになってしまうんです。もっと言うと、日本人の9割方が「どこが悪い」「どうして悪い」「誰が悪い」という原因論にハマっているから不幸なんだと思います。だからこそ、**目的論に変えた瞬間、仕事も組織も人生もあっという間に良くなる。**

目的論は数あるアドラー理論の中の1つでしかないという立場を取る人も多いですが、私の臨床経験や組織変革の実績から、**目的論をまず浸透させることが、アドラー心理学の他の技法も実践しやすい下地づくりになる**と感じています。

真剣に聴き、深く共感する「聴く技術」

前野　ステップ0で寄り添うときは、真剣に聴いて、丁寧に共感しなくてはダメですか？

平本　真剣に寄り添う必要がありますね。

前野　「ふうん」なんて適当に相づちを打ってるようではダメなんですね。

平本　**「同意してもらえていない」**と相手が感じたら、延々と無限ループのように不平不満が終わらなくなります（笑）。

前野　なるほど。こちらがしっかり聴いて、共感を示すからこそ、本音も出て、スッキリするんですね。

平本　（大きくうなずいて）**そうなんですよ!!**　こんなふうにしっかり共感して聴くことが重要です。

前野　（深く感じ入ったように）**なるほどなあ。**

平本　そうです、そういう感じです（笑）。

前野　これはコーチングの**傾聴**の手法に似ていますね。

平本　そうですね。たしかに傾聴ではありますが、平本式では**「聴く」ことよりも「相手が不平不満の感情を出し切ること」**を重視しています。

前野　なるほど。聴くことは手段であって、目的は感情を出し切ることなんですね。

平本　本音はネガティブな感情の奥に埋もれている。そこにたどり着くことが何よりも大事だと考えています。だから「あー、スッキリした」となることが重要。

前野　ただ、グチや不満って、なかなか終わらないものですよね。「全部なんて聴いていられないから、早く対処しなさい」なんて言いたくなることがあります。問題が根深い場合、出し切るところまでいくには相当の時間がかかりませんか？

平本　適当にダラダラ聴いてしまうと何時間もかかります。でも、こちらが深く寄り添って「そんなことがあったんですか！　それはつらかったでしょう」としっかり反応しながら真剣に聴くと「そうなんですよ。わかってくれますか。じつは……」と本音も出やすくなるんです。

前野　そうか。**深く共感して聴けば、自己開示するまでの時間も短くなる**んですね。

平本　（再び、大きくうなずいて）**そうなんですよ!!**　ダラダラ聴いてしまうと「そういえば、このあいだもこんなことがあって……」となって終わらない。でも「そうなんですね！」「それは大変でしたねえ」と深く共感すれば、スッキリしやすくなって「わかってくれている」と安心してもらえる。そこから本音が出てくるんです。ボディランゲージなど言葉以外も駆使することで、相当短時間で済むようになります。これは一種の技術とも言えます。

前野　たしかに。聴く技術というものがあるんですね。

〈実践編2〉「絶対にミスの許されない職場」こそ目的論を

日本の組織がなかなか原因論から抜け出せない大きな理由の1つに、ミスへの恐れがあります。ミスを1つでも少なくし、組織としてのリスクを減らすためには、徹底的に原因を追究し、しつこいくらいのダメ出しを繰り返す必要があるというわけです。

たしかにミスを最小限に減らすのは大切なことです。人の命や生活に関わる職場なら、なおさらでしょう。しかし、その方法として必ずしも原因論が最善とは限りません。むしろ目的論のほうがミスを持続的に減らし続けることが可能なケースは多いのです。

平本式が関わったある病院の実例を紹介しましょう。

〈目的論の実践例〉医療機関の朝礼を目的論に変える

当初、その病院の院長先生は目的論の導入に懐疑的でした。

「目的論の発想は本当に素晴らしいと思います。ただ、私たち医療従事者には、いかなるミスも許されません。うちには人工透析の欠かせない患者さまも大勢来られますから、小さなミスも徹底的に原因を追究し、二度と起きないようにしなければ患者さまの命を損なうことになるんです」

とおっしゃるのです。

その姿勢は看護師さんたちとの朝礼にも表れていました。こんな感じです。

「おはようございます。私たちは患者さまの大切な命を扱っています。ですから、いかなるミスも許されません。Aさんは先日◯◯のミスをしましたね。二度と繰り返さないように気をつけてください。Bさんもささいなことですが、△△でミスがありました。チェックリストの項目に加えましたから、みなさん必ず確認してください。CさんやDさんは、こんなミスをしないようにしてください。では、今日もノーミスを心がけてやっていきましょう」

同様の朝礼をおこなっている組織は、今もたくさんあるのではないでしょうか。しかしアドラー流に言えば、こうしたメッセージはスタッフの意識をミスの方向に向けさせて、強く印象づけてしまう可能性があります。平本式で表現すれば、アンリソースフルです。

しかし院長先生に「この朝礼はアンリソースフルですから、ミスの連呼はやめるべきです」

と訴えるのは原因論に原因論で関わることになってしまいます。そこで目的論で関わりながら、院長にもスタッフの方々に目的論で接してもらえるよう、働きかけることにしました。

目的論ステップ1＝強化したいところを決める

念のために確認しておきますが、関わり方を原因論から目的論に変えても「原因を追究しなくていい」「ミスをしてもいい」となるわけではありません。

組織における目的論は、ステップ1で「どんなチーム、組織になりたいのか」という目的（＝強化したいところ）を決め、そこを指摘して、強化していくアプローチです。その結果として、ミスはむしろ減ります。

院長先生に主観主義で寄り添いながら、ステップ1をおこないました。

「どんなチームになってもらいたいですか？」

「ミスのまったくないチームです」

「それは良いですね」と深く共感しながら聴きます。

「雰囲気の良い関係でもあってほしいですね」

「実際に良い雰囲気でノーミスだったときはありましたか？」

「よくありますよ。基本的にはほとんどノーミスですから」

「素晴らしいですね。では、とくに完璧だった日はありますか？」

「そうだな。先週の木曜日ですかね」

「なるほど。つい最近ですね。その日、**普段よりも多かった行動**は何ですか？」

ポイントは最後の問いです。

ミスのないチームでいられた1日に、ミスがあった1日よりも増えていた具体的な行動こそが、ステップ2で指摘する「**強化したいところ**」になるからです。

院長先生は考えながらいくつか挙げてくださいました。いずれもささいなことですが、共感しながら聴いていきます。

「Aさんは聴き上手なので、あの日は真剣にうなずいて患者さんの話を聴いていました」

「ああ、なるほど。そんなスタッフがいらっしゃったらミスは減りますね」

「Bさんは業務を改善するアイデアを出してくれました。よく出してくれるんです」

「たしかに、それはミスが減りますね」

こうして挙げてもらったことを朝礼で話してみるよう、提案したのです。

目的論ステップ2＝指摘する

新しい朝礼はこんな感じになりました。

「おはようございます。私たちは患者さまの大事な命を扱っています。だからいかなるミスも許されません。Aさんはいつも患者さまの話を真剣にうなずいて聞いてくださっていますね。そういう行動が増えたら私もうれしいです。Bさんはいつも改善のアイデアを出してくれます。そういう方が増えるとノーミスを続けることができるでしょう。Cさんは丁寧に連携を心がけてくださいます。あなたのような方がミスを減らしてくれるのだと思います。

みなさんもAさんBさんCさんのように、患者さまの話を真剣に聴いて、気づいたアイデアを共有し、報連相を心がけながら、今日もノーミスでがんばってください」

このように、ミスの許されないような厳しい職場であっても、原因論（減ってほしいところを指摘する）より、目的論（強化してほしいところを指摘する）のほうが、「ミスのないチーム」という本来の目標に近づくことができるのです。

【解説】リソースフルな職場はミスが少なく、創造性・生産性が高い

前野　後者のほうがパフォーマンスは高まるでしょうね。ダメ出しをされれば当然ネガティブな気持ちになりますし、ポジティブに行動できるほうが人は幸せに働ける。**ポジティブな気持ちのほうが、創造性も生産性も高まる**というデータもあります。

平本　そうですよね。

前野　ただダメ出しをしなかったり、ルールを厳しく定めないでいると、「ゆるくやるんですか?」と誤解されることがある。そうではなくて「視野を広く持って、相手の気持ちに立って考えながら進めよう」という意味なんです。アドラーで言えば「共同体感覚を持とうよ」という趣旨なのですが、伝わらないことがあるんです。

平本　ゆるくもなく、過緊張でもない、リソースフルな状態ということですよね。

前野　そうですね。日本人がついダメ出しをしてしまうのは「あれはダメ、これはダメ」「ガマンしなさい」と**勇気くじき**(第4章参照)の言葉で育つせいなのかもしれません。調査をしてみると、アメリカ人は日本人よりも明らかに自己肯定感が高いんです。それはYes andで勇気づ

けする文化があるからではないか、と思うんです。**アメリカの子どもは、実力は100でも自分では200ぐらいのつもりでいる。日本の子どもたちは逆で、自己評価が20くらいになっている子がたくさんいます。**この20と200の差ってものすごく大きい。もったいないなと思うんです。

J・Y・パークさんは、勇気づけの天才

平本　私はスポーツ関係にもよく関わるんですが、今でも学校の部活には「選手を追い込んで、困難を乗り越えさせたほうが強い子になる」という方針で指導している監督が少なからずいるんです。どう思われますか？

前野　先ほど解説してもらったように、両者に信頼関係があって、意欲のある子ならば原因論でキツくやっても良いんでしょうね。さらに高い能力があれば、その育て方ですごく伸びることがある。その一方で、どこかの段階で勇気をくじかれて辞めてしまったその他大勢がいるはずです。でも「スポーツの世界で成功できるのはもともと1000人に1人ぐらいのごく一部だから仕方ない」と考えることもできますから、厳しく追い込んで、その一部を選別できればいいという発想になったのかもしれませんね。

平本　なるほど。そこでこぼれ落ちる選手は仕方ないんだ、みたいな。

前野　1人を選別するために999人が勇気をくじかれて、次なるチャレンジに対して自信の持てない人間になるのだとしたら、ものすごい損失だなと思います。

平本　それをもっと強烈にしたのがアイドルの世界ではないでしょうか。ごくごく一部を選別する前提なので、徹底的にダメ出しを続けて、最後まで生き残った人だけがデビューできる仕組みになりがちです。そうなれば、同じグループ内でも、いがみ合いが起こりやすくなるでしょう。お互いの足を引っ張るようなこともしてしまうかもしれない。ところがNiziUを生んだJ・Y・パークさんは徹底的に勇気づけのアプローチをしています。

前野　ああ！　そうですね。あのプロジェクトのビデオは非常に面白いし感動的ですよね。友人に勧められて何度も観ました。

平本　落とすにしても、将来、その子が幸せになるような言い方をしている。**J・Y・パークさんは、アドラー心理学の勇気づけの天才**だと思います。

前野　たしかに言い方も、深い共感を示すところも、まさに同じですね。順位ではなく「成長したね」という喜び方も似ています。そして何よりもアイドル候補の子たちが一生懸命やっているときのうれしそうな表情が印象的でした。彼は**表情などのボディランゲージでも、相手を勇気づけている**んでしょうね。

第3章

「性格」の成り立ちと子育ての技術

性格を知る2つの技法「ライフスタイル」と「ライフタスク」

この章では「具体的にどうすればいいのか」を知る実践編として、**アドラーの哲学と理論のうえにある概念と技法**を紹介します。

アドラー心理学の技法は、代表的なものだけでも30〜40種ほど存在します。そのすべてを紹介するには紙面が足りませんので、本書ではみなさんが日々の生活の中ですぐ使えそうなものをテーマ別に選んで解説させていただきます。

第3章のテーマは**性格**です。

性格について研究するときに問題になるのは、一貫性がないところです。

たとえば「この人は引っ込み思案な性格」と判断しても、どんなときでも常に引っ込み思案とは限りません。状況によって、たいていの人の行動は変わります。

大切な会議中に「もう少し詳しく説明してください」と言われて、「僕はいいです」と引っ込み思案になる人はあまりいないでしょう。でも「次のミーティングでは何か余興をしてくださいよ」なんて言われたら、「**それはちょっと……**」と引き気味になるかもしれません。

アドラーは、いわゆる性格のことを**ライフスタイル**という言葉で表現しています。そして、**人間の行動はライフスタイル（性格）とライフタスク（状況・課題）の組み合わせで決まる**と考えました。

ライフスタイル（性格）×ライフタスク（状況・課題）＝行動

これはライフタスク（状況・課題）に応じて、ライフスタイル（性格）は変わり、実際の行動も変わるという意味です。

先の例で言えば、引っ込み思案というライフスタイル（性格）の出方はライフタスク（状況・課題）次第であり、結果としての行動も当然、違ってくるということになります。だから、どんなときも引っ込み思案な人はいないし、どんなときでも前向きな人はいないのです。

ライフスタイルはのちほど詳しく解説するとして、まずライフタスクについてもう少し説明しておきます。

アドラーは**人生におけるライフタスク**を大きく3つに分類しました。

〈**人生におけるライフタスク**〉

●ワークタスク（条件つき信頼）

いわゆる「仕事」の状況で取り組む人間関係の状況や課題。「仕事の成果」という目的に向けて、生産性が高く、効率良くするために必要な良好な関係を保つことが必要とされる。必ずしも、相手と仲良くしたり、好きになったりする必要はない。さまざまな立場、考え方や基準が違う人と協力し合わなければならず、関係性は一番遠い。

●フレンドシップタスク（信頼度合いを選べる）

自ら望んで交友関係を持ちたいと思った相手との人間関係の状況や課題。自分の好きな領域を共有し合いたい仲間、利害関係や束縛のない知人・友人とは、距離感や信頼の度合いを選べるとアドラーは考えた。

●ラブタスク（無条件の信頼）

自分の親や子ども、配偶者、恋愛や性的関係を伴うパートナーとの状況や課題。「あなたとは気が合わないから関係は解消だ」というふうに簡単に逃れるわけにはいかないので、悩む人が多い。

大まかに言えば、ワークタスクにおいては、多くの人が折り合いをつけながら接するのでトラブルは起きにくい。これに対してラブタスクでは、親密な関係が要求されやすく、表面的に取り繕っても上手くいきません。フレンドシップタスクはその中間の親密感です。

職場では人当たりのいい人格者として尊敬されている上司が、じつは家庭内では傲慢だったり、極端におどおどしているということがないでしょうか。そうなってしまう理由が、このライフタスクごとに必要とされる距離感の違いなのです。

アドラーは、**問題が起きたときはまずタスクの親密度、距離感で分けて考えましょう**と言っています。

親密度低 ⬆ ワークタスク　フレンドシップタスク　ラブタスク ⬇ 親密度高

ラブタスクで生じたトラブルは、転職したり、友だちづき合いをやめるように、簡単に放棄することのできない課題です。

フレンドシップタスクで生じたトラブルは、ラブタスクに比べれば、こちらから距離をとることが可能です。自分がつらいのであれば、無理をする必要はありません。

ワークタスクについては、そもそも親密にする必要はありませんので、仕事の生産性における優先順位や自分のキャリアプランから逆算して、解決します。

【解説】職場と家庭どちらも幸せにするには

前野　幸福学の研究をしていると、職場を幸せにしている経営者で、同時に、家庭も幸せにしている人は意外と少ないことがわかります。「家族は難しいです」とおっしゃる方がかなりいるんです。

平本　そうなんですよね。**その人によって、「得意な距離感」と「苦手な距離感」がある**ということかもしれませんね。ちなみに私がコーチングで関わった経営者の方で、夫婦関係や親子関係のトラブルを解消したら、いつの間にか部下への接し方が変わったというケースが結構あります。逆も然りで、部下への接し方をトレーニングしていたら、夫婦や親子の関係が改善し、仲が良くなったということもかなりの割合で起きます。どんな距離感の関係性でも、本人の自己受容や他者への信頼感が変化すること、そして、コミュニケーションスキルが身につくことで、変わっていくんです。

前野　それは非常に納得できますね。2020年以降は新型コロナウイルスの流行で、リモートワークをする機会が一気に増えました。その結果、ワークタスクとラブタスクがごちゃごちゃになってしまった人が多い。本人はワークタスクをしているつもりだけど、ラブタスクに影響が出るとか。

平本　大いにあるでしょうね。リモートで働く人もいるし、複数の仕事を持っているケースもある。仕事や家庭以外のコミュニティに関わる人もいるし、そういう人は今後もっと増えていくでしょう。

前野　副業も解禁されるようになって、働き方はこれからますます多様になる。今後は、この3つのライフタスクを整理しながら臨まないといけないなと思います。

平本　そうですね。そこが上手くできる人は「もう東京に住む必要はない」と、東京から100キロ圏あたりに引っ越していますよね。今後は、農業をしながらオンラインで仕事をしたり、2拠点生活をするといったケースは増えるのではないでしょうか。

ライフタスクによる性格の変化は文化差もある？

前野　ちなみに性格についての心理学研究は現在も盛んにおこなわれていて、その中には、東アジア人は状況によってかなり態度が変わるけれど、欧米人はあまり変わらないという研究結果があるんです。

平本　それは興味深いですね。

前野　個人的な実感でも、日本人は一緒にいる相手が上司か、友だちか、家族かで、かなり性格や行動を変えているけど、欧米の人はあまり変えない傾向がある気がします。でもオーストリア人のアドラーは、タスクによって変わると言っているんです。欧米人が見ると、欧米人の微妙な変化がわかるんですかね。

平本　たしかに文化の違いはありそうですね。アメリカとヨーロッパでもかなり違う可能性があると思います。

前野　程度の違いなのか、日本人である僕にはあまり変わらないように見えているだけなのか。これも文化心理学の課題ですね。

性格は4つの要素からできている

人間の性格（ライフスタイル）は4つの要素からできているとアドラーは考えました。

●自分に対してどう思っているか（自分）
●他人や世界に対してどう思っているか（世界）
●現状をどう思っているか（現状）
●理想としては「どうなりたい」と思っているか（理想）

この4つが**性格の構成要素**です。

アドラー心理学では、性格（ライフスタイル）はこの4つの象限の組み合わせで成り立っていると捉えます。でき上がる組み合わせは次の4つです。

空欄になっている図の右下に何が入るかを考えてから読

性格を形成する4要素の組み合わせ

ライフスタイル

	現状	理想
自分	自己像	自己理想
世界	世界像	

んでみてください。

●自己像（左上＝自分の現状に対してどう思っているか）
●自己理想（右上＝理想として、自分はどうなりたいと思っているか）
●世界像（左下＝他人や世界の現状に対してどう思っているか）
●自己理想（右下＝理想として、他人や世界はどうなってほしいと思っているか）

ここで押さえておきたいポイントは、右下に入るのが**世界理想ではなく自己理想**になることです。

なぜなら「世界はもっと幸せに満ちてほしい」と思う人もいれば、「世界はもっと競争力に溢れるべきだ」とか「もっと金を動かしていくべきだ」と考える人もいるからです。それらはすべて、その人自身の自己理想であるとアドラーは考えます。

カンの良い読者の方はすでにお気づきかもしれませんが、**世界像**もじつは同様です。

私たちは同じ世界を生きているはずですが、人によって捉え方は違います。「世界はみんな仲間で協力し合っている」と捉える人もいれば、「世界は激しく競争し合っている」と感じる人も「世界は騙し合いや奪い合いに溢れている」と思う人もいるでしょう。

人間は主観的に世界を認識しているため、その世界像にも必ず自己が投影されます。
それが私たちの性格（ライフスタイル）を形づくる要素になっているのです。

【解説】「企業にとって社員の幸せが一番大事」を受け入れられない理由

前野　世界理想はなくて自己理想、世界像も自己の投影だというのは、たしかにそうですね。幸福学の講演をするとよくあるんです。僕の「会社は利益だけじゃなく、社員の幸せが大切です」という主張に対して「頭ではわかるけど、でも結局お金でしょう。お金がないと会社が成り立たないんだから」と抵抗する人が結構いる。それは、その人の世界像や自己理想によるんでしょうね。

平本　そうでしょうね。「世界は競争や騙し合い、奪い合いが溢れている」という世界像を持っている人に、幸せの4つの因子やその根拠となるエビデンスをいくら提示しても「騙そうとしてもムダですよ」としか受け取ってくれないと思います。

前野　それは変えられないものですか。変えられる？

平本　変えられます。第1ステップは、**主観主義**で相手に寄り添うことです。その方がどんな背景や経緯で「社員の幸せよりもお金なんだ」と思うようになったかを聞いていきます。たとえば以前は「社員の幸福が一番だ」と信じてやっていたけれど、それで不渡手形をつかむことになったとか、社員優先でやってきたことで大きな借金を背負ったことがあるのかもしれません。そうした経験を持っていると、科学的に実証されたエビデンスよりも、自分の経験のほうが確からしく感じられてしまうんです。

前野　はい。そんなケースだとそうなりそうですね。

平本　主観主義で関わるときに大事なのは「**こちらにとってその考えは望ましくない**」とか「客観的にはそうではない」といった、自分の価値観を押しつけないことです。その人としては、自分の人生の主人公（**創造的自己**）として「二度とあんな痛い目には遭いたくない。社員の生活を確実に守るためにもお金を儲けていく」という発想のほうが、「まずは社員を幸せにしたほうがいい」というエビデンスよりも確からしく感じられている。まず、そのことをきちんと認めるところから始めて、目的論や全体論で関わっていくという流れです。

「相手の関心」に関心を持つ

前野　なるほど。まず「どうしてそんな考え方をするんですか」じゃなく「あなたはこう考えているんですね」という点に思いを向けると、問題解決の道が開けるということですか？

平本　そうです。アドラーは「**相手の関心」に関心を持ちなさい**、と言っています。

たとえばゲームばかりしている子どもがいるケース。つい、「ずっとゲームをして、宿題はどうするの？」などと言いたくなりますが、**これは子ども自体に関心を向けており、子どもの関心には関心を向けていない言葉です。**子どもの関心に関心を向ければ、「どんなゲームをしてるの？　今、どんな状態？」と聞くことができます。

「レベル○○で、もう少しで次に行けるところ」「もう一息だね」。

こんなふうに相手の関心に関心を向けると、相手もこちらの関心にも関心を持ってくれます。「どうかした？」「宿題は大丈夫？」「うん。ここをクリアしたらやる」といった流れになります。

このように**相手の関心に関心を持つことで初めて、自分の関心にも関心を持ってもらえる。**でも、多くの人が自分の関心にしか関心を向けず、「言うことを聞かせよう」という意図から、相手の関心に関心を持つのではなく、相手自体に関心を持ってしまうんです。

前野　わかります。ただ、そうして先の経営者さんのお話を聞いても「たしかに利益が一番大事ですね」とはきっと思えません。そこが難しい。

平本　そうなりますよね。誰しも自分の軸があるので、「どうしてこの経営者は幸福よりも利益だなんて言うんだろう。もっと理解すればいいのに」と思ってしまう。しかし、これは相手には関心があるけど、相手の関心には関心のない状況なんです。

前野　そうですね。

平本　その場合は、**主観主義の前に目的論**を使います。「こうした経営者の方が変われば、社員も変わり、会社全体が幸せになる。そうすれば幸せに生きられる人が増えていく」と自分の目的を明確にして、「**そのために、この経営者さんの関心に関心を向けて、共感しよう**」というファーストステップを先につくるんです。そこからセカンドステップとして、主観主義で話を聞きます。たとえば騙された経験があるとしたら、「そんなつらい経験があったんですか」「そんなことがあったら、たしかにお金の苦労は二度としたくなくなりますね」と共感を示していく。**ポイントは相手の関心に共感すること**ですから、「苦労なさったんですね」といったシンプルな言葉で構いません。すると「わかってくれるんですね。周囲に金の亡者に見られるのが悔しくて。でもたしかにそうですよね、社員の幸せも大事ですよね」といった感じで、自然に、こちらの関心にも目を向けてくれるんです。

前野　そうなるんですか。

平本　はい。なぜなら**人間にはみな共同体感覚があるから**です。だから共感を示すと、向こうも共感してくれる。そして「本当は自分だって社員を幸せにしたい」という感覚も共同体感覚ですから、その経営者にも必ず備わっているはずです。今はその感覚が弱くなっているだけだから、育てれば必ず出てくる。少なくともアドラーはそう考えたんです。

前野　なるほど。話を聞いているだけでも泣けてきますね(笑)。

平本　カウンセリングやコーチングをしていると、こういったリアルな話はたくさん出てきます。赤ちゃんのときから「お金が一番だ」なんて言う人はいません。必ず、共同体感覚を構成する3つの要素(自己受容、他者信頼、貢献感)を持って生まれてきている。人生のどこかで枯れてしまうことはあるけれど、主観主義で相手の関心に関心を持てば解決できるんです。

性格はどこからやってくる?〈その1〉

遺伝要因

性格(ライフスタイル)はどこからやってくるのでしょう。

アドラーは、その形成には**遺伝要因**と**環境要因**の両方が関わっていると言っています。

遺伝要因は、親から受け継いだ遺伝子に由来するものです。

環境要因は、だいたい5歳から10歳ぐらいまでのあいだに形成される性格(ライフスタイル)の基本パターンです。この年代の子どもにとって、両親をはじめとする大人は圧倒的に強い存在です。個々人のライフスタイルの基礎はその影響下でつくられるとアドラーは考えました。

しかし、小学校5年生(11歳)くらいになると、大人と言えども完璧ではないことに気づくようになります。「うちのお母さんは天然ボケかも」とか「ここでお父さんが怒るのはおかしい」など冷めた見方ができるようになる。そのとき、子どもは性格を選び、自分自身で決定します。

これが左図の「**子ども自身の決断**」です。

とはいえ、決定されるまでは、遺伝と環境が影響するとアドラーは考えました。

ここでは**遺伝要因**について見ていきます。

性格の遺伝的な要因で、アドラーが重視したのは**器官劣等性**でした。親の知能、親の性格に関しては否定も肯定もしておらず「?」という立場です。

器官劣等性はアドラーが提唱した概念で、子どもの生活にとって深刻な困難となるハンディキャップのことです。重いぜんそくや虚弱体質、目が不自由、耳が不自由といった、そうでない子どもに比べて明らかな制約となるようなものを指します。第1章で紹介したように、これは初期のアドラーの研究テーマでもありました。彼は、この器官劣等性がどのように性格に影響するかについて、**劣等性**と**劣等感**、**劣等コンプレックス**の3段階に分けて考えています。

性格（ライフスタイル）はどこからやってくるのか①

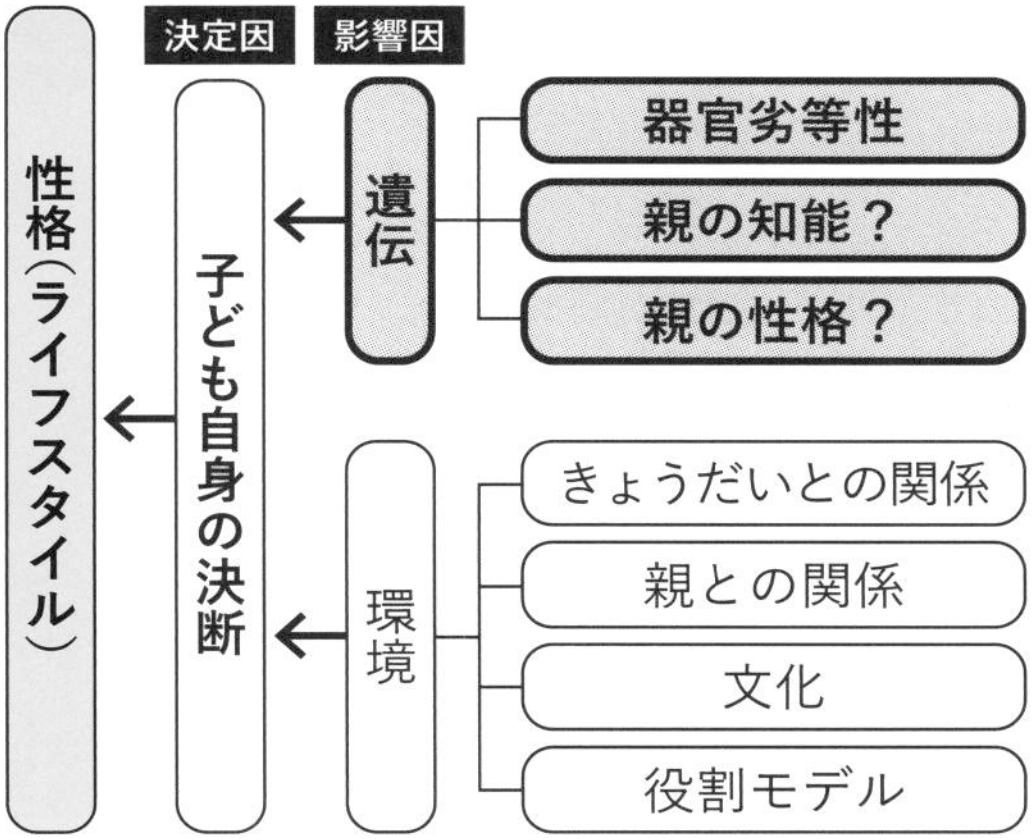

〈器官劣等性〉

劣等性

客観的に劣っていること（病気、体格、走力、声域の広さ、偏差値など）。

➡

劣等感
劣等性に対してネガティブな感情を持つこと(ぜんそくだからダメだ、偏差値30だから頭が悪いなど、劣等性が感情に影響している状態)。

⬅

劣等コンプレックス
劣等感を克服できず、それを口実にして3つのライフタスク(ワークタスク、フレンドシップタスク、ラブタスク)を避けようとすること(ぜんそくだからできない、頭が悪いから勉強しないなど、劣等性を口実にして課題に取り組むことを避けてしまう状態)。

アドラーが注目したのは、劣等感が劣等コンプレックスに変化するところです。なぜなら**器官劣等性から来る劣等感が、必ず、劣等コンプレックスになるとは限らない**からです。

たとえば耳が不自由(器官劣等性)な子でも、劣等感がポジティブに働けば、

- 耳を鍛えて、音楽家になる(克服する)
- 耳が不自由だから、絵の道に進んで画家になった(他の器官を強化する)

となるケースが、現実に数多く存在します。

これを**建設的対処**と呼び、劣等コンプレックスは生じません。有名な物理学者ホーキング博士もその1人だと言えるでしょう。

これに対して、劣等感から「自分はダメだ」「できない」「放っておいて」と、劣等性を口実に3つのライフタスク（人生の課題）を避けようとする子もいます。

これを**破壊的対処**と呼び、劣等コンプレックスとなるのです。

アドラー心理学では、こうした破壊的な対処をしている人に、どうすれば建設的な対処を促すことができるかを考えます。

【解説】親の性格や知能は遺伝するかはあえて「？」に

前野　性格には、遺伝と環境の両方の要因があるという認識は、現代の心理学でもだいたい検証されていると思います。ただ、性格心理学などの分野では「ここは遺伝する」「ここは遺伝しない」とかなり細かく検証されていて、ある種の性格や知能は、遺伝する傾向があるというのが現在の通説です。「**幸せになりやすいか**」**さえ、ある程度遺伝する**ことがわかっています。だから、現代の心理学だと「?」とはしませんね。もしかしたら、アドラーは、あえてそこは「?」のままにしておくほうが、「親が〇〇だから仕方がない」とならず、臨床的に解決しやすいと考えたのではないですか?

平本 そうですね。やはり、いかに問題を解決して、幸せになってもらうかを最優先する心理学なのだと思います。

劣等コンプレックスと現在の日本

前野 劣等コンプレックスも重要な問題だと思います。よく**「日本人は自己肯定感が低い」**と言われますよね。日本では、多くの人が自分の特徴をネガティブに捉えているせいではないかと思うんです。

平本 私も同感です。とりわけややこしいのは、本当は劣等コンプレックスを持っているのに、本人がそれを認識していないケースです。オシャレに着飾ってイベントに参加したり、SNSに写真を投稿しているけれど、いくらみんなが「いいね」を押してくれても「私はキレイだ」と思えない。さらには**「あの子は化粧が上手なだけ」**と他人に嫉妬したり、**「どうして、あんな子をフォローしてるの?」**とまわりを攻撃してしまったりする。それは、内心で**「私は本当はキレイではない」**とコンプレックスを抱いているからで、最近こういう人が増えている感じがします。

前野　そうですね。コンプレックスがトラウマみたいになって、本人には意識されないベールの下に隠れている。まわりはそのことに気づいているのでしょうか？

平本　気づくか、少なくとも違和感は覚えると思います。

前野　ああ、なるほど。教育学の分野で**「自己開示をしましょう」**という声が高まっているのもその流れなのかもしれませんね。自分のことを積極的に開示するとコミュニケーションもとりやすくなるということですが、問題は、自己開示をするためには、自分のことをきちんと認識できている必要があるというところなんです。

平本　そうなんですよ！

前野　そこをクリアして自己開示をすれば、まわりに受け入れられますね。まさに共同体感覚が高まる。

平本　その点で瞑想は効果的です。セルフアウェアネス。日本にアドラーを紹介した野田俊作先生も、アドラー心理学の根幹と瞑想をほぼ同義語のように扱っているんです。

前野　ああ、自分を観察するわけですか。アドラーはどうやって解決しているんですか。

平本　アドラーは、**相手の目で見、耳で聞き、心で感じる**ようにしなさいと言っていますが、まさしく瞑想的に気づいている状態だと思います。瞑想を続けていると共感力が高まるという脳科学の研究結果もあるように瞑想を実践すればするほど、共同体感覚は高まります。

性格はどこからやってくる?〈その2〉

環境要因・きょうだいとの関係

性格(ライフスタイル)をつくる環境要因には、きょうだい、親、文化、役割モデルといったものがあります。

きょうだいとの関係から見ていきましょう。

アドラーがもっとも重視するのは、**きょうだいの生まれた順番**です。

幼い子どもにとって、親は圧倒的に強い存在(強化者)です。子どもたち(長子、第2子、中間子、末子)はみな、その親に対する自分の居場所を獲得しようと競争をしており、その過程で性格(ライフスタイル)が形成されると、アドラーは考えました。

〈きょうだいの生まれた順位と性格の傾向〉

●長子

最初に生まれた子どもは、しばらくのあいだ一人っ子として大切に育てられます。しかし、両親の愛情を独占できる状態は第2子誕生と同時に終わり、選択を迫られます。それは「第2

子（弟または妹）の面倒をみる」か「愛情を独占するためにダダをこね続ける」かの2通りしかありません。たいていは前者を選び、それが性格に反映されます。

性格（ライフスタイル）はどこからやってくるのか②

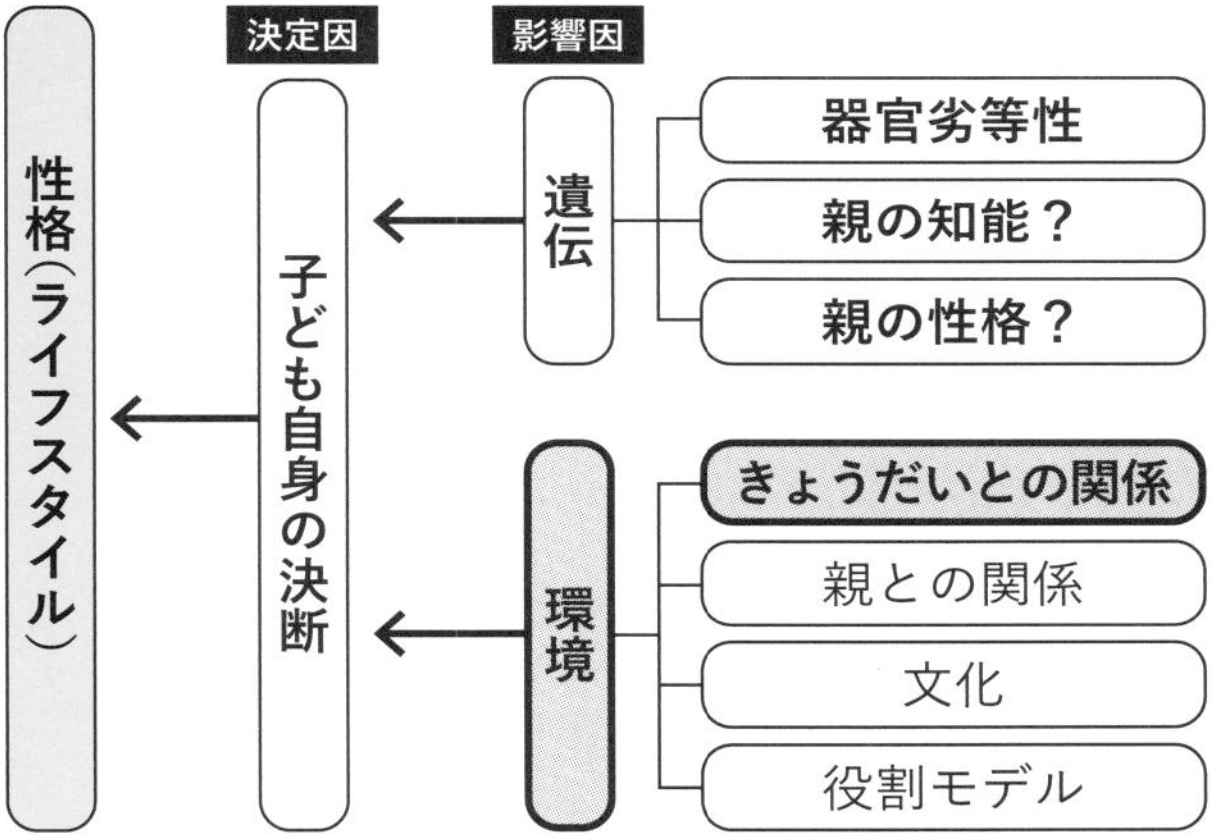

●第2子

長子と張り合う意識が常にあり、競合関係になりやすい。長子と同性（長男と次男、長女と次女）の場合は、とくにその傾向が強くなります。

●中間子

長子や末っ子が親の愛情を一身に集める時期が長いのに対して、いつもあまり注目されないので、独立心が旺盛になり、自分で外の世界を探索するタイプになりやすい。

●末っ子

年上のきょうだいと張り合っても多くの分野で勝ち目がない。そのため愛嬌やかわいらしさを身につけ「一緒にいると楽しい」という存在になりやすい。

●一人っ子

親の愛情を常に独占でき、ある意味で大人と対等に関わることができるため、同年代の子どもよりも少し大人びた性格になりやすい。その一方で、周囲を見下してしまい、孤立することで、コミュニケーションが苦手になることがあります。

このように、それぞれに有利な点と不利な点があります。

アドラー心理学では、この発想を実際の家族だけでなく、幼少期に所属していたコミュニティの影響もあると捉えます。

仮想問題　一人っ子だけど地域では年長の子の性格は？

きょうだいのない一人っ子だけど、住んでいた団地では自分が一番年上で、長男的な役割を果たしている場合、この子はどの性格（ライフスタイル）が強く出るでしょうか？

この場合は、一人っ子の特徴と長子の特徴を、両方兼ね備えていると考えられます。

同じ環境で、自分だけが年下だったら末っ子、同年代が多くいる環境だと中間子の特徴が出ることがあります。

一人っ子の多い現在の日本では、こうしたコミュニティがより強く影響していると言えるでしょう。

また本書では詳しくは触れませんが、男女の違いにもアドラーは言及しています。たとえば男→男→女→男というう順のきょうだいでは、女性は中間子ではありますが1人ですから、一人っ子に近い性格になるとしています。

【解説】長子(前野)と末っ子(平本)の違い

前野　きょうだい順位の考え方は、現代の心理学者が見ると「断定しすぎだ」と言うかもしれませんが、一般の人がイメージする感覚には近いと思います。僕は長子(長男)で、4歳のときに弟が生まれています。母によれば、最初はダダをこねたりしたそうですが、それほど激しくはなくて、以降は弟をかわいがったと思います。親が上手に教育したような気がしますね。

平本　**長子はどこかの段階で腹をくくって、第2子の面倒を見る**もののようです。これを拒否すると赤ちゃん返りのような状態になってしまいます。

前野　小さいときの弟にはたしかに第2子の傾向がありました。兄である僕が小学校に上がるときに親が学習机を買ったら、「僕も！」と泣きわめいて買ってもらっていました。

平本　「お兄ちゃんがやってるから僕もやる」というのは典型的な競合関係ですね。「敵《かな》わない」と思うと、長子とは違う分野で勝負しようとすることもあります。

前野　うちの母はまさに中間子の傾向そのものです。兄、姉、妹のいる中間子で、だからなのか、とてもクリエイティブで、探究心いっぱいという感じです。

平本　じつは私は末っ子なんです。だから、みんなにいい顔をする。

前野　末っ子はそうしないと生きていけない？

平本　そうです。子どものうちは、勉強も体力も年上には到底敵わないから、楽しませようとする。だからなのか、大学院まで進んだものの、結果的に教授にも研究者にもならず、こういう仕事をしています(笑)。

前野　平本さんのファシリテーションは、いつもエンターテイナー的ですよね。

平本　コーチングやセミナーもそうです。つい、そうしてしまうんです。

アドラーは第2子、フロイトは長子

前野　ちなみにアドラーは？

平本　**アドラーは第2子**です。

前野　ということは、意外にも競合意識が結構ある？

平本　ある意味、負けず嫌いなところがある。じつは**フロイトは長子**で、そのことがアドラーの理論にもかなり影響していると言われています。

前野　ああ、そうなんですね。

平本　フロイトという権威に対抗する意識はかなりあったようです。

性格はどこからやってくる?〈その3〉

環境要因・親との関係など

性格(ライフスタイル)をつくる**環境要因**のうち、きょうだいの関係と同じくらい大きな影響を持つのが**親との関係**です。また、**文化**、**役割モデル**も影響します。

幼い子どもは自分1人で生きていくことはできません。お父さんやお母さんに頼るしかない以上、親から認められることが欠かせません。この、親にどのように認められるのかのパターンは5歳から10歳くらいのあいだに決められ、性格(ライフスタイル)に強く影響するとアドラーは考えました。この性格は、意識して変えない限り一生続きます。ただし、意識すれば変えることは可能です。のちほど解説しましょう。

親との関係には、**家族の価値観と家族の雰囲気の2つ**の側面があります。

●親との関係1＝家族の価値観

まず**家族の価値観**について。

家族の価値観に対し、子どもはイエス（賛成）かノー（反対）かの踏み絵を迫られるとアドラーは言っています。つまり、二択になるというわけです。

性格（ライフスタイル）はどこからやってくるのか③

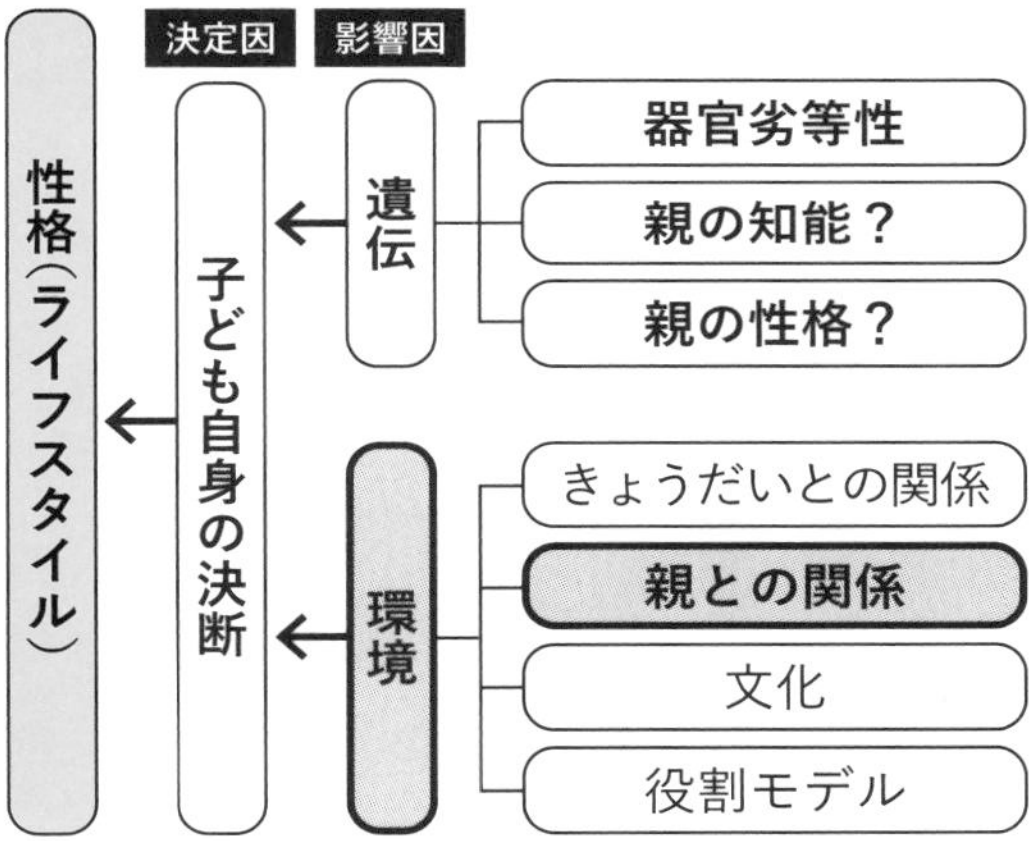

たとえば親が「教育は大事だ」という価値観を持っていた場合、子どもは「教育は大事だ」と賛成するか、「教育なんてクソ食らえだ」と反対するかを選択しなくてはなりません。これが性格（ライフスタイル）をつくる要因となり、変えようとしなければ一生続くことになります。

ですから、そのまま成長すれば、

○教育者の子どもは、教育者になるか、勉強とはまるで関係のないジャンルに進む。

○平和主義な親の子どもは、平和的になるか、暴力をいとわない人になる。

○お金第一の親の子どもは、お金を大事にするか、お金に無関心な人になる。
○人目を気にする親の子どもは、すごく人目を気にするか、全然気にしない子になる。

ということになりやすい。中間はないというのが、アドラーの立場です。

●親との関係2＝家族の雰囲気

親との関係、もう1つの要因は**家族の雰囲気**です。

価値観についてはイエスかノーかの二択でしたが、**家族の雰囲気に子どもはノーが言えない**とアドラーは言っています。

家族で「次の週末はどこに行こうか？」という意思決定をするとします。

家族によってそのやり方はさまざまです。以下に例を挙げてみましょう。

○両親、子ども全員の希望を確認して、折り合いをつける（民主的な雰囲気）
○父親や母親、末っ子など、誰か1人が決定権を持っている（独裁的な雰囲気）
○意見がまとまらず、成り行き任せになるか、モメることが多い（アナーキーな雰囲気）

こうした家族の雰囲気に対し、立場の弱い子どもは受け入れる以外の選択肢はないとアドラーは考えました。そして、これもまた性格(ライフスタイル)をつくる要因となり、変えようとしなければ一生続くとしています。

ですから、たとえば、お父さんが独裁的に振る舞う家庭に育った女の子は、その雰囲気にノーを言えず、それが性格を形づくる要因となります。そのまま変わらなければ、男性を立てるようになるか、自分自身が上に立つ人間になろうとする、というわけです。

以上の2つが、性格の環境要因・親との関係の基本です。

これはアドラーが**主観主義で多くの子どもや大人を診てきて導き出した結論**です。

少々極端に思われるかもしれませんが、「教育だけは絶対に必要だ」とする家族の価値観に子どもの立場から中立ではいられません。「お父さんが決めたことが絶対だ」という家族の雰囲気に逆らうことはできません。だから、そうならざるを得ないのです。

その他、性格形成には、**文化と役割モデル**も影響を与えています。

役割モデルの代表的なものとしては性別があります。いわゆる「男の子だから」「女の子だから」といった役割が、その人の性格(ライフスタイル)の形成要因になるのです。

【解説】なぜ主観主義で考えるのか（思い出せる記憶は、主観的な過去だから）

前野　僕の家は裕福ではなかったのですが、教育には熱心で「財産は残さないけど、教育は残す」と父に言われたことを覚えています。そして今はこうして教育者になっています。やっぱり5歳から10歳くらいの時期の経験は大きいんだなと納得できる一方で、本当に「イエスかノーの二択」「イエスの一択」なのかは疑問です。これは統計調査をした結果ではないんですよね？

平本　そうですね。主観主義でアプローチするとそうなる、ということなんです。

前野　ということは、統計的に調査すると中間もあるかもしれませんね。どうしてここでも主観主義なのでしょう？

平本　じつはアドラーは人間の記憶について「**今、自分の身に起こっていることに相応しい過去を思い出すのであって、それは主観的な過去だ**」と、明確に言っているんです。

前野　ああ、なるほど。客観的に何があったかは、本人にさえわからないのですね。

平本　ええ。本当は別のことがあったのかもしれません。ミもフタもない言い方をすれば、**本人も認識できていない自分の性格（ライフスタイル）を、親や子ども時代の記憶に投影させて引**

き出している、とも言えるんです。

幸せになるために必要な過去を思い出す

前野　言われてみれば、たしかにそうですね。僕は父の「教育は残す」という言葉を大切な名言のように記憶していますが、実際は、そんな言い方ではなかったかもしれません。おそらく自分が今この仕事をしているから、そこにフォーカスを当てている可能性もあります。

平本　メーカーにお勤めだったころに、親御さんが大事にしていたことについて聞かれたら、もしかしたら、まるで違うエピソードを思い出されたかもしれません。これがアドラーが**科学を手放して、主観主義を選んだ理由**の1つなんです。

前野　なるほど。現代心理学でも人間の記憶は変わりやすいという実証研究は多いんですが、違うモノを見せていくうちに書き換えられるといった客観的な研究が大半です。でも、その人が**今、思い出したいことを思い出している、**というアドラーのアプローチは納得しやすい。

平本　しつこく「本当はどうだったんですか？」と問いかけても、あまり意味はないと思うんです。思い出せないなら、それでいい。それよりも、その人が幸せになるにはどんな過去を、どういうふうに思い出せたら良いかにフォーカスする。

前野　**幸せになるために必要な過去を思い出す**という考え方はいいなあ。

幸せな性格を育む子育て〈実践編1〉

「仲良くしなさい」「ガマンしなさい」と言わない

ここまで、性格(ライフスタイル)についての基本的な考え方を解説してきました。アドラー心理学は分析でも占いでもないので、「あなたはこんな性格ですよ」と言い当てるだけではもちろん終わりません。この前提に立ち、相手や自分の共同体感覚を高めることこそが主眼です。

性格形成において、重要なのは5歳から10歳までの期間です。親(子育て・教育)や教師(教育)が、この大切な時期の子どもの共同体感覚を高めるように接することができれば、子どもたちは幸せな性格を獲得できると言えます。

ではここからはしばらく、「幸せな性格を育む子育て」について考えていきましょう。わかりやすさのために、子育ての事例で説明していきますが、根底の考え方は、ビジネス現場での人材育成や組織開発にも通用します。ぜひ、ご自身の職場やメンバーについて、似たようなことが起きていないか思い出しながら読み進めてみてください。

子育てと教育において、アドラーが必要としたのは自立と協力のたった2つです。

〈子育てと教育に必要な2つのこと〉
自立＝自分でできる、自分はこうしたいと思えること。
協力＝まわりに助けを求めたり、考えや意見の違う人と折り合いをつけられること。

「仲良くしなさい」で自立心は育たない

当たり前のように見えるかもしれませんが、実際には多くの親がこれとは反対の態度をとっています。

たとえば、ケンカをしている子どもに「仲良くしなさい」と言ったことはないでしょうか？

アドラーは**「仲良くしなさい」とは言いません**。なぜなら「こうしなくてはいけないから、やりなさい」「ダメだから、ダメ」といった言葉は、子どもを自立に向かわせるものではないからです。こうした場面で**必要なのは、子どもが自分でまわりの人と折り合いをつけられるように促す言葉**です。

仮想問題 **ケンカをした子どもにかける言葉**

あなたの子どもが友だちとケンカをしました。どんな言葉をかけますか？

すでに説明したように「仲良くしなさい」では、子どもの自立心は育ちません。「もうあの子とつき合うのはやめなさい」も同様です。こういう言葉を何度もキツく繰り返せば、親の価値観に従うか、反発するかの二択になり、それが子どもの性格（ライフスタイル）を形成します。

最初は**目的論**を用います。

まず自分に、子どもをどんな人物にしたいのか。そのために何を伝えたいのかと問いかけます。次に、子どもがケンカをした相手とこれからどうするのかを決めます。それを決めるのは、親ではなく、子ども自身です。

ここからは**主観主義**で、子どもと一緒に考えていきます。

「あっちが先に叩いた」

「それは嫌だったね。痛かった？」と子どもの関心に関心を向け、共感します。

「おもちゃくらいでひどいよ。ちょっと借りただけなのに」

「そうだね。あの子はどんな気持ちだったんだろうね」とケンカをした友だちにも主観主義を使い、相手の立場に関心を向けるように促します。

「いきなり取られたと思って、怒ったのかもね」

「ああ、そうか。あの子は横取りされたと思って嫌な気持ちになったのかもね」とお互いの立場が確認できたら、子どもの希望を聞きます。

「どうしたい？」

「うーん。おもちゃは借りただけだよって話してみる」

こんな流れでやりとりをすると、叩いた側の気持ちも、自分の気持ちもわかり、折り合いをつけられます。


折り合いとは、自分は自分の価値観で「こうしたい」、あの人はあの人の価値観で「そうしたい」を互いに対等な関係で認め合ったうえで、双方が納得できる解決策を見つけることです。

ですから「宿題をやりなさい」と言ってしまう前に、まず目的論を用いて「何のために私は子どもに宿題をしてほしいのだろう」と自問しておくといいでしょう。「お母さんに言われたから宿題をやる」ということが、子どもの自立につながるだろうか、人生にとってプラスになるか、それともマイナスになるかを考えれば、答えは自ずと出るのではないでしょうか。

そして、それは子ども自身の望んだ目的ではありません。ですから「お母さんは、あなたにこんな子になってほしいと思っている」と話して、子どもと親双方が納得できる宿題の取り組み方、勉強の仕方を決めるのもいいでしょう。

「遠回りで面倒だ」と思われる方もいらっしゃるかもしれません。しかし、こうしたやりとりで**自立と協力が身についた子どもは、どんどんスピーディにさまざまな問題を解決していける**ようになります。

「ガマンしなさい」で協力する力は育たない

もう1つ親が子どもに言いがちなセリフに「ガマンしなさい」があります。

多くの子どもは、幼稚園や保育園に通い始めるまで、自分の望みはほぼすべてが叶えられる、愛情100%の世界だけで生きています。しかし、同じような年代の子どもが大勢いる空間では、それまでのような愛情や注目を集めることはできません。

最初は先生に対しても親と同じく「自分のためだけにいる存在」という前提で接してしまうので、他の子に構っているだけで「私は?」とすねるか、泣くか、妙におとなしくなってしまうということが起きます。おもちゃも全部自分のモノという感覚なので、「今、遊びたい」しか考えられず、「他の子と一緒に遊びましょうね」という意味がわからないのです。

こうした場面で出やすいのが「ガマンしなさい」という言葉です。

しかし、**アドラーは「ガマンしなさい」とは言いません。**

なぜなら、子どもに育んでほしいのは「自分のしたいことをガマンする」ことではなく、「自分にしたいことがあるように、他の人にもしたいことがある。だからどうしたらいいのか一緒に決めよう」とする協力の感覚だからです。共同体感覚と言ってもいいでしょう。

ですから、おもちゃを取り合ってしまう子どもには、まず「このおもちゃで遊びたいんだね。**すごくかわいいね**」と相手の関心に関心を向けて深く共感し、「あの子も遊びたがっているみたいだよ」と別の子の関心にも関心を向けられるように促します。子どもが「うん。そうみたい」と反応してきたら、「あなたが遊びたいのと同じくらい、あの子ももののすごく遊びたいみたい。**どうしようか？**」と本人に決めてもらうというのが基本的なアプローチになります。

こうすることで、「自分のしたいことをガマンして、他人に差し出しなさい」という表面的な利他主義ではなく、あなたにも他の人にも、みんな同じように利己主義があるから、相手の立場に立って、どうするかを決めるという、**本来の利他主義**を伝えることができるのです。

【解説】子どもの自立と協力を育むことは、幸せな性格（ライフスタイル）を授けること

前野　なるほど。日本では「みんな仲良く」となりがちですね。

平本　そうすると、劣等コンプレックスでお話しした例（144ページ参照）のように、表面的にはポジティブだけど、実際はただガマンしているだけで、腹の中ではネガティブな感情がうごめくようになるかもしれません。「どうしてあの人の意見だけ優先されるの？」「あの子と同じ扱いは信じられない」なんていうことが起こりやすくなってしまう。

前野　その可能性はありますね。アメリカの教育では「みんなと仲良くしなくていいから、みんなとの違いを理解しなさい」と教えると聞いたことがあります。

平本　自立と協力の感覚がないまま10歳までを過ごすと、大人になっても「誰かに言われないとやらない」とか、「可能な限り独占したほうが得だ」といった性格（ライフスタイル）を持ち続けることになりかねないと思います。もちろん大人になってからでも、後述する「勇気づけ」の技法などを使いながら、性格（ライフスタイル）を変えることはできるのですが、一方で、このような心理学の理論を知らないままだと、無自覚なガマンのせいで、協力的な行動に移せないと

いうことがビジネスの現場でも多々見られます。

前野　本来の利他主義の例は、仏教用語で言う**自利利他円満**だなあと思いました。自分の利益と利他が、円満にバランスしている状態です。利己か利他かを分けないところが、アドラーは東洋的だなと感じます。バランスの良い答えに行き着くんですね。面白い。

平本　自立と協力が大切だという人は大勢います。でも具体的にどうしたらいいかはなかなかわからない。そこを１００年間探究したのが、アドラー心理学なんです。

子どもが失敗したときの3ステップ対処法

子どもはよく失敗をするものです。「役に立ちたい」という貢献欲と好奇心から、さまざまなことに手を出しますが、最初はたいてい失敗してしまいます。しかし、経験が足りない以上、それは仕方のないことです。

このときに**重要なのは、子どもではなく、親の対処**だとアドラーは言っています。

仮想問題　**子どもの失敗をすぐに叱るとどうなるか**

お母さんが茶わんにお茶を注ごうとしたのを見た子どもが「ボクがやる」と急須を持ったものの、上手くできず、テーブルにこぼしてしまいました。

一般的な親はここで「**気をつけなさいと言ったでしょう**」と注意したり、叱ったりします。また「大丈夫？　パパとママが片づけるから。危ないから離れてね」という対処をする家庭も少なくありません。

アドラーはこうした対応を勧めていません。どうしてでしょう?

失敗するたび、親から注意や叱責を受けると、子どもは何を学ぶかを考えてみてください。最初は「次こそは上手くやろう」とするかもしれませんが、子どもはそれほど器用な存在ではありません。何度も叱られるうちに**「完璧にできないことをやってはダメなんだ」**と考えるようになってしまうのです。

もしこの経験が性格(ライフスタイル)として定着すると、社会に出てからも「100%正しい」「間違いなくできる」という確信がない限り動けなくなってしまいます。つまり失敗を極端に恐れ、チャレンジできない人間になる可能性があるのです。

一方で、注意することなく、親だけで後始末をするのも、子どもに**「失敗したときは誰かが責任をとってくれる」**というメッセージを伝えてしまう場合があります。そうすると責任感に乏しい性格になる恐れがあります。

アドラー心理学には、子どもが失敗したときの対処法の技法があります。この3つのステップを踏むことで、子どもの共同体感覚を高め、幸せな性格を育むことが可能です。先ほどの仮想問題を例にとって、解説します。

〈子どもが失敗したときの3ステップ対処法〉

ステップ1＝原状回復
子どもが失敗をする前の状態に戻す。

テーブルが濡れていたら「ふきんを持ってきて」と声をかけたり、「濡れたところを拭いてくれる?」と頼む。

(ポイント)このとき大切なのは「**失敗をしたら、最初にするべきことは現状回復だ**」と子どもにしっかり伝えることです。「自分でこぼしたものは自分で片づけるんだ」ということも教えたいところですが、「君のせいなのだから、自分で片づけなさい」と命令してしまうと「親に言われたからやる」ことになり、自立を育めません。

ですから、小さい子どもだったら、ふきんを持ってくるのを頼む程度にしておいたり、「急須やお茶わんはパパとママが拭くから、テーブルの濡れたところを拭いてほしい」など、難易度の低いところから一緒にやってもらいます。

ステップ2＝謝る
失敗によって誰に迷惑がかかったかを、子どもに確認し、謝るかを決めさせる。

「お茶がこぼれて、誰ががっかりしたと思う？」「ママ」「そうだね。どうしようか？」「謝る」「そうだね」。「ごめんなさい」を言えたら、「わかった。謝ってくれてありがとう」とお礼を言う。

（**ポイント**）ここでは「**迷惑をかけた人に謝る**」ということを伝えます。誰に迷惑がかかったか、どうするかは、できるだけ子ども本人に決めてもらうことが大切です。

ステップ3＝再発防止
同じ失敗を繰り返さないために「次からどうするか」を子どもに考えてもらう。

「どうしたらこぼさずにお茶を注げるか、一緒に考えようか」と提案し、子ども自身に考えさせ、良いアイデアには「それ、いいかもしれないね」と実際にやってもらう。どうしても思いつかない場合のみ、「両手で持ったら？」などと提案して実践してもらう。成功したら「よくできました。これでもう大丈夫だね」と褒める。

（ポイント）**「たとえ失敗しても、次にどうすればいいかを考えればいい」**ということを伝えるのがこのステップの主眼です。可能な限り、本人に考えてもらうのがいいでしょう。

このステップを覚えておくと、失敗を恐れず、もしミスをしても、できる限りの原状回復と謝罪、改善策を自分自身または周囲と協力して考えることのできる子に育てられます。

【解説】失敗対処法にもアドラーの基本はすべて詰まっている

前野　非常によく考えられた対処法ですね。もちろん、この技法もアドラーの哲学と理論に基づいている？

平本　そうです。失敗をすると子どもの自己肯定感、つまり**自己受容**が下がります。ここで、親に「ちょっとどいていなさい」なんて言われると「自分は無力だ」と学習してしまう。叱られると、**他者信頼**が失われます。自分の居場所も、**貢献感**もありません。**共同体感覚**を感じられなくなるんです。

前野　たしかに。

平本　ここからは**目的論**で「子どもにどうなってほしいか」を考えます。たとえば「失敗を恐れずチャレンジする子になってほしい」「失敗したあと、どうすればいいかを自分で創造的に考えられる子になってほしい」「良いアイデアが思いつかないときは、まわりと協力して見つけられる子になってほしい」「失敗から学べることがあるということを知ってほしい」などでしょうか。

こうしたことを前提にして、**主観主義**で子どもに関わるんです。

前野　おお、あざやかですね。哲学であり、理論でもあるから当然だとは思うものの、家庭内のしつけの現場からでもすぐ原点に戻れるアドラーの体系は、素晴らしい。

平本　こうして性格を育めば、大人になったときに自立して、協力できる子になると思います。その子が他の人にも同じように関われたら、学習のモデルにもなるんです。

前野　子育て中の方には、ぜひ知っておいてほしい対処法ですね。

平本　大人が失敗したときも、基本的には同じ対処法が役立ちます。これまでの日本社会では、失敗した人は「責任をとって辞める」「手を引かなければならない」という風潮がありましたが、この3つの対処法をしっかりやったうえで、私はむしろ失敗を挽回するくらい、次にがんばればいいと思っています。それに、まわりも協力する。

前野　このような考え方が広がることで、大人も、さらに自立と協力を身につけて、チャレンジする人が増えるといいですね。

幸せな性格を育む子育て〈実践編3〉

子どもの不適切な行動の4つの目的と対処法

子どもはよく不適切な行動＝悪さをします。こういうときに親や大人はどう対処するのがいいのでしょう。これについても、アドラー心理学の技法が役立ちます。

まず、本人がその行動を「悪いことだ」と気づいていない場合があります。このケースはただ知らないだけなので、「それはまわりに迷惑をかけることだよ」と教えれば解決可能です。ただし伝え方に少しコツがあります。

たとえば、電車内で大声で騒いでいる子どもがいるとしましょう。ただ「うるさい！」などと叱るのは、子どもに恐怖心を植えつけたり、逆に「絶対に言うことを聞きたくない」という反発心を呼び起こすか、「怒られないためにやめる」というメッセージを伝えることになるので避けるべきです。

しかしニコニコして悪さを見逃してしまうと、自分が不適切なことをしていることに気づけ

子どもの不適切な行動の4つの目的

最終段階	第3段階	第2段階	最初の段階	
無気力を示す	復讐	権力闘争	注目をひく	子どもの目的
←	←	←		
あきらめる	傷つく	腹が立つ	やっかい	親・大人の感情

ません。

　ですから、まず、**子どもに共感（相手の関心に関心を向ける）してから、こちらの希望を伝える（こちらの関心に関心を持ってもらう）**のが適切な対処となります。

「楽しそうだね。どこかに遊びに行くの？」「うん」「それはいいね。でも、乗ってるおじさんたちからすると、ちょっと落ち着かないから、静かにしててもらえるかな」

といった対応をすれば「これは迷惑をかけることなんだ」と気づくことができ、子ども自身の考えで、まわりを思いやり、不適切な行動をやめることができます。

　しかし、それでも悪さをやめないことがあります。

　これは「悪いことだ」と知っていて、あえて行動しているケースです。子どもがそうしてしまうのには、目的があります。

アドラー心理学ではこれを「**子どもの不適切な行動の4つの目的**」としてまとめています。それを表したのが上の図です。

最初の段階の目的は**注目をひく**ことです。

たとえば、先生に好意を抱いた児童が、授業中に騒いだり、イタズラをするようになることがあります。たいていは「ダメでしょ」といくら指摘されてもなかなかやめません。それは「悪いことだ」とわかってやっているからです。このとき、大人の側には「やっかいだな」という感情が生まれ、「やめなさい！」と高圧的な態度で接すると、子どもの目的は変化します。

それが第2段階めの目的、**権力闘争**です。いわば「負けないぞ」と大人に対抗する状況です。相手である大人は腹が立ちます。これがさらにエスカレートしてしまうと、第3段階めの**復讐**に移行します。高圧的な大人に「やり返す」ことが目的になり、大人の側は傷つきます。それでも共感してもらえないと、最後の段階の目的は**無気力**。「放っておいて」となって、大人たちはあきらめるという流れです。

もともとは「こっちを見て」と注目をひくために始めたことが、だんだん目的が変わってしまうのです。誰しも、心当たりがあるのではないでしょうか。

このような子どもへの対処法も、アドラー心理学では3つのステップにまとめています。

子どもの不適切な行動への対処法
ステップ1＝不適切な行動に注目しない

ステップ2＝適切な行動に注目する
ステップ3＝適切な行動をしている他の子どもに注目する
※適切な行動とは、普段の生活で子どもが何気なくしている当たり前のこと

ステップ1＝不適切な行動には注目しない

子どもがイタズラをするそもそもの目的は「**注目をひく**」ことです。そこに注意を向けると、よけいに悪さが続くことになるので、注目しないことが大切です。

ステップ2＝適切な行動に注目する

悪さをしている子が大人しくなったときに注目するという意味です。教室で騒いでいる子どもでも、ときどきは大人しくなる瞬間があるので、そこですかさず「**そうやって聞いてくれると先生はすごくうれしい**」と伝えます。

ステップ3＝適切な行動をしている他の子に注目する

授業中に騒ぐ子がいたら、普通に話を聞いている子に注意を向け「**聞いてくれてありがとう**」と言います。こうすることで「**悪いことをしないほうが注目してもらえる**」と伝えるのです。

【解説】技法だけでも幸せになれるけれど、やはり基本は共同体感覚

前野　この技法も子育てや教育のヒントに満ちていますね。これはアドラーの弟子が定式化したものですか？

平本　そうですね。臨床の現場や子育て、教育に使いやすい実用的な技法に練り込んだのは、おもにアメリカのアドラー学派の人たちです。ヨーロッパのアドラー学派はもっと哲学的、抽象的、観念的だと思います。

前野　大人の引きこもりが社会問題となって久しいですが、その中には、このようなプロセスを経て、無気力になってしまった、周囲もあきらめているというケースがありそうですね。その場合、どうしたらいいのでしょう？

平本　1人1人違うので、この本ではお伝えしきれない専門的なカウンセリング技法が必要な場合もあれば、なかには、しっかり本人に寄り添い共感し、本人の興味関心に関心を向けながら「勇気づけ」していくだけでも、少しずつ変化して外に出るようになる人もいます。また、ケースによっては、本人は自立しているけれども、まわりが過度に干渉しすぎて、反抗的な態度に

なってしまい、コミュニケーションがうまくいかなくなっている場合があります。その場合は、まわりの人が自分の趣味に熱中するなど、他のことに意識を向けるほうが、状況の改善につながることもあります。

前野 そうなんですね。この本に掲載されている技法だけでも、組み合わせ技でなんとかなる人がいそうですね。

平本 そうですね。ただ、やはりこの図の4段階目「無気力」と「あきらめ」までいってしまった場合は、まわりがかなり共感的に関わったとしても、すぐにうまくいくようになることは難しいのが現実です。多くの場合、第3段階の復讐や第2段階の権力闘争と行ったり来たりしながら、まわりの人の感情を振り回したり、愛情を試すようなことをしてきます。でも、あきらめずに関わっていくと、だんだんと第1段階へ、そして、健全なヨコの関係へと移行していきます。

前野 なるほどです。そうすると、この段階が進んでしまう前の初期の段階で、相手の関心に関心を向けながら、勇気づけのメッセージをたくさん伝えられるような大人が周囲にいることの重要性をひしひしと感じますね。1人1人の幸せや人生を大切にするという点でもそうですし、社会的なコストや生産性を考えても、日常のあらゆる場面で、どんどん勇気づけをすることのプラスの影響は大きいですね。

すべての大人と子どもに〈実践編4〉

性格の「リフレーム」で、欠点を使いこなす

次に紹介する**リフレーム**は、アドラー心理学の考え方をベースに、ブリーフセラピーや家族療法から平本式に取り入れている性格（ライフスタイル）に関する技法です。とても使いやすく、効果も実感しやすいものなので、解説します。

まず、ご自分の性格について、ポジティブなものやネガティブなものを、思いつくままに心に浮かべてみてください。「こんな一面もあるかな」といったレベルのものでも構いません。いくつ挙げられたでしょうか。

誰でもすぐに数個は出てくるのではないでしょうか。時間をかけて考えれば「そういえば、こういう側面もあるな」とさらに増えてくるものです。

このように、性格は１人に１つではなく、１人の中にたくさん存在しています。これを図式化したものが、左ページ図の**性格（ライフスタイル）の引き出し**です。

いろいろな性格が、私というタンスの引き出しにしまわれてあるイメージです。引き出しの

表側には、それぞれラベルが貼られています。実際の行動にその性格を使うときは、該当するラベルの引き出しを開けて取り出す、というわけです。

1人の中には、長所や欠点、さまざまなラベルがあるはずです。「明るい」「集中力がある」というポジティブな性格の引き出しがある一方で、「引っ込み思案」「暗い」なんていうネガティブな性格のラベルが貼られた引き出しもあります。

性格（ライフスタイル）の引き出し

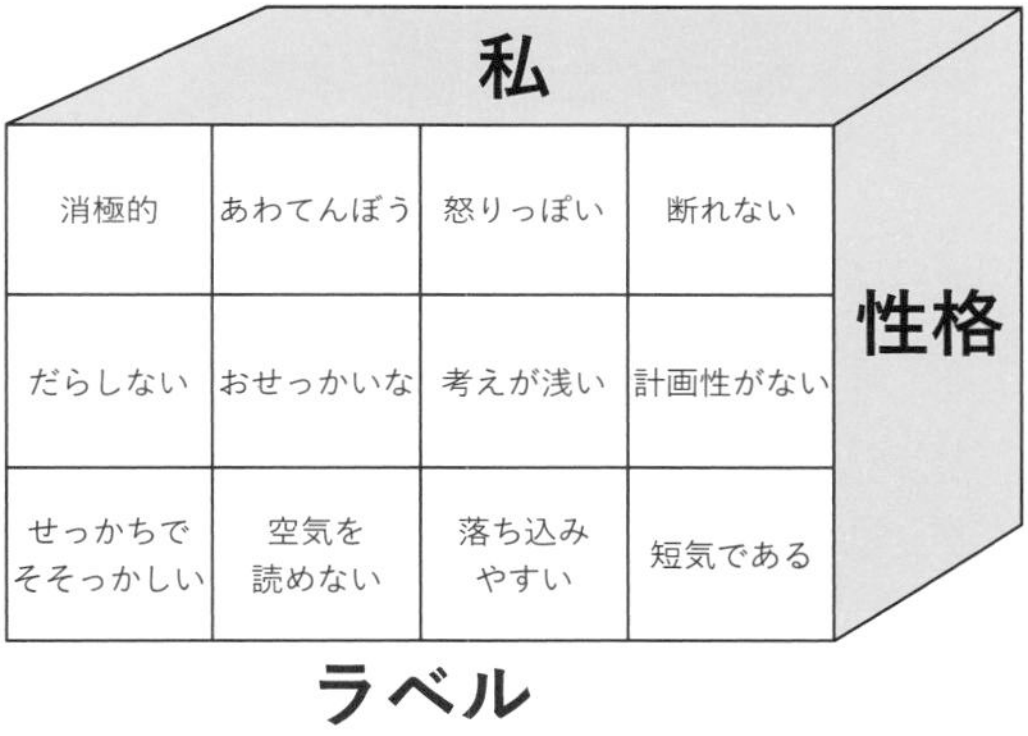

注目したいのは、ネガティブなラベルの貼られた引き出しです。

アドラーは「これは自分の良くないところだ」と**ネガティブなラベルを貼られた性格の引き出しは使われないようになる**と考えました。開かずの引き出しになるのです。

上図のタンスは、その極端な例です。消極的で、あわてんぼうで、怒りっぽくて、断れないとずらっとネガティブな性格が並んでいます。タンスのラベルがこうなってしまえば、ほとんどの性格を使う気が起きません。これは、共同体感覚の要素である自己受容(自分のダメな部分も含めて受け入れられること)ができていない状態だと言えます。

もしかしたら「悪い性格は封印するか、直したほうがいいのでは?」と思われた方もいるかもしれません。たしかに、ほとんどの人は「暗い」のならば「明るくなるべきだ」、「気が利かない」のなら「気が利くようにしたい」と考えがちです。

しかし、それは自分らしさを失うことでもあります。自分が持っている資質は変わっていないのに、性格(ライフスタイル)だけを直そうとするのは、**自分とは違う人間になろうとすることであり、自己受容ができていない状態**だとアドラーは考えました。

ですから、たとえば「暗い」という一見ネガティブな性格も、「明るくならなくてはいけない」と思っていれば使えないけれど、「暗いのが自分なのだからそのままでOK」と思えればそのまま使えます。この調子で「消極的な自分もOK」「引っ込み思案な自分もOK」と使える引き出しをどんどん増やしていくことは、自己受容感を増し、共同体感覚を高めることと同じなのです。

リフレームは、そのための技法です。

やり方はとてもシンプルです。ネガティブで使いにくい性格の引き出しのラベルを貼り替える、つまり受け入れやすいポジティブな表現に言い換えるだけです。

ラベル貼り替え後の性格（ライフスタイル）の引き出し

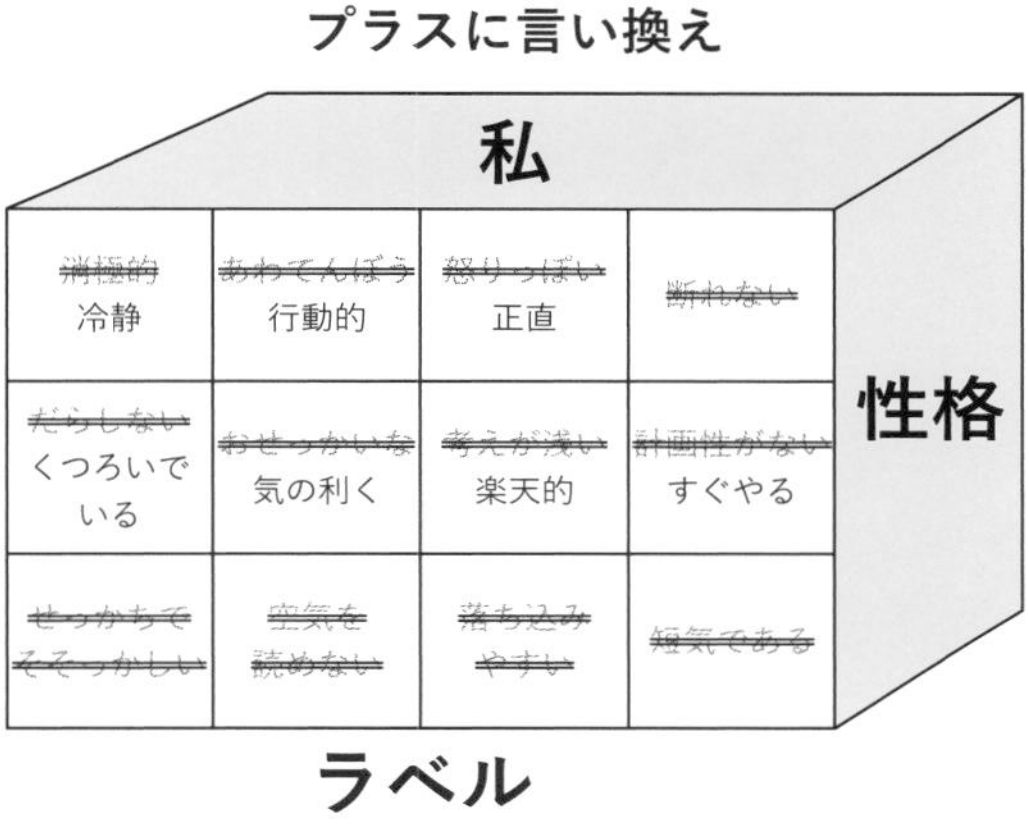

（言い換えの例）

消極的 ⬇ 冷静
気が利かない ⬇ おおらか
記憶力が悪い ⬇ 過去に囚われない
頑固 ⬇ 強い意志がある

ラベルを貼り替えた性格のタンスは上図のようなイメージです。

たとえば「だらしない」のラベルを「くつろいでいる」に貼り替えると、自分でもその性格（ライフスタイル）を受け入れやすくなり、「十分くつろいだし、そろそろサクサク動こうか」と、自分の行動を選べるようになります。

つまり、こんなふうに引き出しのラベルを貼り替えることによって**「私」を使えるようになる**のです。

リフレームは自分だけでなく、周囲の人に対しても使うことができます。

たとえば、怒りっぽい性格の人に「そんなに怒らないほうがいいよ」と言っても、なかなか変えることはできないでしょう。「それができれば苦労しないよ」とかえって火に油を注ぐ結果にもなりかねません。しかし「自分の気持ちに正直ですね」と言えば受け入れやすくなり、「結構、良い悪いをはっきり言うほうなんです」と共感し合うことができます。そこから「とはいえ、言いすぎたかもしれませんね」となることもあるでしょう。

【解説】性格に良い悪いはない。その人らしいことが良い

前野　言われてみれば、僕もラベルを貼り替えていますね。「気が利かない」という性格を若いころは結構気にしていましたが、今は「すぐ集中する」ことの裏返しだと思っています。「記憶力が悪い」のも、「つらいことも忘れるから不幸になりにくい」なんて考えています。いざとなったらGoogleや妻、友だちに助けてもらえばいいと(笑)。

平本　でも、若いころは、悩んでいらっしゃった。

前野　そうですね。でも克服しようとした記憶はありません。オタクのように幸せの研究に没頭していたらちょうどいい環境になって、いつの間にか解決していたという感覚です。

平本　それは、まさにアドラーの言う共同体感覚が高まったということではないでしょうか。共同体感覚のない状態では「自分にとってどんな意味があるか」に視点が向いていますが、ある状態では「自分が関わるみんなにとってどんな意味があるか」という視点になります。幸福学の研究が進んで「この研究成果はみんなにどう役に立つんだろう」と思い始めたことで共同体感覚が高まって、欠点だと思っていたことも気にならなくなったのでは？

前野　ああ、なるほど。たしかにそうだと思います。

平本　**リフレームのポイントは、性格を変えるのではなくて、ただラベルを貼り替えるだけというところ**です。ポジティブな性格がいいと言っても、地球上の人間が全員社交的になったらハイテンションすぎます。そういう人がいて、引っ込み思案な人もいて、いろいろな性格があるから人間という種は存続してきた。だから無理に性格を変える必要はない。ラベルを貼り替えればすべての引き出しを使えるようになる、というのがアドラーの考え方です。**違っているからこそ、協力し合える。性格に良い悪いはなくて、その人がよりその人らしいことが良い**と言っているんです。

前野　まさに今注目を集めている**ダイバーシティ＆インクルージョン**ですね。アドラーが１００年も前からそういう世界観を持っていたとは驚くべきことです。

ダメなところを探すと幸せから遠ざかる

前野　リフレームは自分以外の人に使うこともできるんですね。

平本　はい。アドラーは「**自分のダメなところばかり見つけることも、他の人に対して同じように欠点を探してしまうことも不幸だ**」と言っています。

前野　あー、それは僕もやってしまいますね。まわりには気づかれないようにしていますが、「この人、もっとこうすれば良いのに」なんて、つい思っちゃいます。

平本　ですよね。たとえば部下に、「もうちょっとこうしろよ」なんて言ってしまうことはありがちです。口には出せないけれど、上司に対して「言うこととやってることが違う」「口先だけだ」なんて思ってしまう。でも一番多いのは、配偶者ですね。あとは、子ども。ラブタスクはライフタスクの中で、もっともコアですから。

前野　たしかに仕事仲間や友だちには言わないようなことも、家族だと口に出してしまいがちです。僕も相手が妻だと、つい「どうして、やっといてくれなかったんだよ」なんて、言ってしまう。

平本　こんなふうに、自分が関わる人に対して「あれがダメ」「ここがダメ」とやっていたら、お互いに幸せになりません。でも、リフレームの技法を使えば、お互いにその人らしさを発揮しながら関われるし、自己受容感も高まるんです。

前野　第1章でも触れましたが、**自己受容は幸福度との相関関係がものすごく強い**。つまり自己受容できている人は幸せで、できていない人は不幸せと言えるんです。だから幸福学でも「自己受容はできたほうがいいですよ」と伝えてきたんですけど、これはそのわかりやすい実践法ですね。

すべての大人と子どもに〈実践編5〉

性格ラベルを書き換える「3種類のリフレーム」

〈実践編4〉のリフレームを、さらにシステマティックにしたのが**3種類のリフレーム**という技法です。先のリフレームのように自分に対して使うこともできますが、人と関わるときにも使うことができます。平本式では、カウンセリングやコーチングの際だけでなく、友人やスタッフとの日常会話の中でも必ずやっているものです。職場のチームや子育て、教育の現場などで応用するシーンについて、紹介しましょう。

3種類のリフレームは、3つのステージから構成されています。

●第1ステージ＝例外探し
●第2ステージ＝肯定的意図
●第3ステージ＝他者貢献

この順で、相手の性格（ライフスタイル）に関わっていくのです。

「私は気が利かないんです」という相手と関わるケースで解説しましょう。

●第1ステージ＝例外探し

まず、大前提としてヨコの関係で接します。つまり、相手の主張に良いも悪いもなく、お互いをそれぞれの人生の主人公だという**共同体感覚**を持って関わります。

そして相手に「なるほど。気が利かないんですね」と同意します。主観主義で相手の関心に関心を向け、共感を示すためです。そして、例外を探してもらいます。

「ところで、あえて言えば、気が利いたときはなかったですか？」

すると「あるプロジェクトで、当時の上司に認められたくて、必死にがんばっていたときは、気が利いていたかもしれませんね」などと、例外的な場面を思い出せる場合があります。

そこで、「なるほど、そのとき、具体的に、どんな場面で気が利いていたのか、もう少し教えてください」というように、相手の目線に合わせて聞いていきます。

このように、**例外探しは、本人の言う欠点が出なかったときを探してもらう**ものです。

気が利かないのなら、あえて言えば気が利いたとき。記憶力が悪いのなら、あえて言えば記憶力が良かったときを自分で見つけてもらいます。

例外探しをすると「自分は本当に気の利かない人間だ」と強く思い込んでいたのが、「ああ、たしかに違う面もあるな」と違う視点に自然にスイッチを切り替えることができます。つまり**主観主義で、それまでの頑《かたく》なな思い込みを、自分自身で切り替えられるよう促す**ことができるのです。**「気が利かない自分もいるけど、スイッチを切り替えれば、気が利いた自分もいるんだな」**という認識になるという意味では、**全体論**でもあります。

●第2ステージ＝肯定的意図

第1ステージで「例外はまったくありません。常にそうなんです」と答える人もいます。その場合は、次の**肯定的意図**に移ってください。

これは、本人の言う欠点が、良いことにつながったことはないかどうかを聞くものです。

「なるほど。例外はないんですね」と共感を示したうえで、「では、気が利かないことで良かったことは何かありますか？」と聞きます。

「まあ、気遣いしないぶん、自分のやりたいことに没頭できているのかな」といった答えが返ってきたら、同意します。もし可能であれば、より具体的な事例まで聞くのがベストです。

「なるほど。それは良いですね。気遣いせず、没頭できたことでとくに良かったことは何ですか？」といった具合です。

「やっぱり仕事ですね。1人で集中してやる作業が結構多いんです」などの事例が聞けたら、「なるほど。そうすると、あえて言えば、気が利かないというよりは、没頭しやすいということですね」

「そうかもしれません。確かに没頭しやすいですね」。

このように、相手の発言からピックアップしてリフレームすると受け入れやすくなります。

こうすると、「気が利かない」といった、本人が欠点だと思い込んでいたことにOKが出せるようになります。

肯定的意図は、**欠点だと思い込んでいたことにも良い側面があると気づくことで、自分でその性格にOKを出せるようにするものです。アドラーの全体論そのものだと言えるでしょう。**

ちなみに、具体的な事例を聞くのは、本人に「ああ、たしかに良い面もあった」と実感してもらいやすくするためです。これは3つのステージに共通のポイントです。

●第3ステージ＝他者貢献

第1、第2ステージでも上手く欠点にOKが出せないときは、第3ステージの**他者貢献**です。

ここでは、本人の言う**欠点が、まわりの人に貢献していないか**について聞くものです。

たとえば「あなたが気が利かないことで、誰か活躍されている方はいませんか?」と聞きます。「まあ、まわりはサポートしてくれていますね」といった言葉が返ってきたら、同意したうえで、なるべく具体的なエピソードを話してもらえるように促すといいでしょう。

「そうなんですね。とくにどんなサポートが印象に残っていますか?」「妻が『あの人は○○さんだから、あいさつしておいたほうがいいんじゃない?』とか、気を回してくれるんです。正直それでかなり助かっています」

「なるほど。奥さんは気が利くという強みを発揮できるんですね」「ええ」

「ということは、気が利かないことで、奥さんの自尊心を満たしていらっしゃるんですね」「ああ、役に立ってもらっているのはたしかですね」

大まかに言えば、こういった流れです。

想像していただければわかるように、勉強も仕事もできて、成果も出せていて、イケメンで、優しくて、家庭でも職場でも好人物で、貢献的という長所しかない人間がもしいたら、まわりは劣等感しか感じられず、不幸になってしまうでしょう。これに対して「あの人はすごい上司だけれど、大きな欠点がある。そこだけは私がサポートしなければダメ」というタイプの人は、周囲の人の自己肯定感を高めることができます。できる上司やリーダーでも「ちょっと抜けているくらいのほうがいい」と言われるのはこれが一因です。

このように、**パズルの凹凸のように、足りない凹んでいる部分があるおかげで、他の人が秀でている凸の部分を活かすチャンスをあげられる。**これが他者貢献で、その視点を持てるように促すのが、このステージの目的です。

この3つのリフレームを使えば、必ず、ネガティブなラベルを貼っていた性格（ライフスタイル）にOKを出すことができます。

【解説】3つのリフレーム実践のポイント

前野　この技法もよくできていますね。3つのステージのどこかで必ずOKが出せる視点を見つけられるんですか？

平本　実際の臨床現場では、このリフレーミングで自分にOKが出せない場合は、別の技法でさらに深い領域を探りながら、カウンセリングのプロセスを進めていきます。でも、一般の方が、普段のコミュニケーションで使うくらいであれば、このリフレームの会話は使いやすいのではないかと思います。

前野　たしかに、そうかもしれません。聞き方が優しいのもいいですね。「リフレームの例外探しをしているんだな」とわかっていても、自然に答えられる形式になっている。「あなたは記憶力が悪いね。そのくらいは覚えられるでしょう」なんて言われたら「余計なお世話だよ」と言い返したくなるのに、まったくそんなふうにはなりません。

平本　ありがとうございます。それは、まさに共同体感覚から始まっているからだと思います。ヨコの関係で、1ミリたりとも上から目線の言い方をしない。たとえば「あなたはそう言うけれど、じつは記憶力が良いときぐらい、たまにはあるでしょう？」でも、ちょっと上から目線で、嫌な感じがしますよね。

前野　そうですね（笑）。

平本　これは最初に「そう言うけど」という否定があるからなんです。だから「いやいや。記憶力が良かったときを教えてもらえませんか？」でも、少し嫌だと感じますよね。ですから主観主義で、相手の関心に関心を向けて「ああ、記憶力が悪いんですね」と、1回肯定のイエスを入れるんです。

前野　たしかに。受け入れやすくなりますね。

平本　**ヨコの関係で、相手の意見に1回イエスを言って、**その流れで「あえて、そうでなかったときは?」と言うと、スムーズに**マッチング&リーディング**ができて、「自分でも考えてみようかな」となるんです。さらに言えば、聞き手が心の中で「ひどい欠点だと言っているけど、きっとこの人にはすごい可能性があるに違いない」と**目的論で信じる**ことも大切です。

前野　手順だけでなく、微妙な一言一言にも**アドラー心理学の基礎が全部入っているん**ですね。やりとりしているだけで、自己開示して、何でも話しちゃいたくなるみたいな感じです。これがアドラー心理学の真髄なんですね。

お互いの欠点を補い合う幸せな職場

前野　ステージ3の**他者貢献**の視点は、発想の転換というか「何かに秀でていて、成果を上げた人ほど偉い」みたいな近代以降の考え方を覆す感じがありますね。

平本　結局、ビジネスにおいても、**リーダーがどれだけ優秀でパーフェクトかよりも、チームとしてサステナブル(持続的)に成果を出し続けられるかが大事だ**ということが明らかになってきていると思うんです。

前野　まったく同感です。幸せな職場もそうした場だと考えています。

平本　そうですよね。「パーフェクトなリーダーについていく」というチームもたしかにあります。でもそうしたチームでは「自分には無理だ」と疲弊したり、離れてしまう人が大勢生まれてしまう。それよりも、メンバーがそれぞれの弱みを補い、強みを活かし合うチームのほうが、貢献感が生まれて、全体的なモチベーションが高まり、生産性も長期的に高くあり続けられると、私は思うんです。

前野　おっしゃるとおりです。時代は変わりましたね。

第4章　勇気づけとアサーションの実践例

褒めても叱っても やる気を出してくれないのはどうして？

この章では、おもにコミュニケーションに関わる技法を紹介していきます。最初はアドラーが開発した代表的な技法の1つである**勇気づけ**です。

友だちや仲間、子どもや生徒、部下、上司、同僚といった身近な人たちに「やる気を出してもらいたい」「元気になってもらいたい」「励ましたい」と思うとき、コミュニケーションにおいて、どんな言葉をかけるのが良いのか。アドラーの勇気づけは、その答えとなる技法です。第2章の「目的論」でお伝えした「**リソースフルな状態**」**は**「**勇気づけられている状態**」であると言えます。

もっとも良くないのは、やはり無関心や無視です。

まったく相手にしてもらえず、せいぜい「ああ、いたんだ」などという対応をされるのは誰でもつらいものです。アドラー心理学では、人間を共同体感覚に根ざした社会的な生き物と捉えます。ですから、たとえ給料はもらえていても、上司に関心を持たれず「**これをやっておいてくれればいいから**」と機械的に業務を任されるのも相当つらく感じるのです。

こうした、相手のやる気を損なう対応を、アドラー心理学では**勇気くじき**と言います。**勇気づけ**の反対語です。「**アンリソースフルな状態**」は「**勇気がくじかれている状態**」です。

無関心より褒める・叱る、それよりも勇気づけ

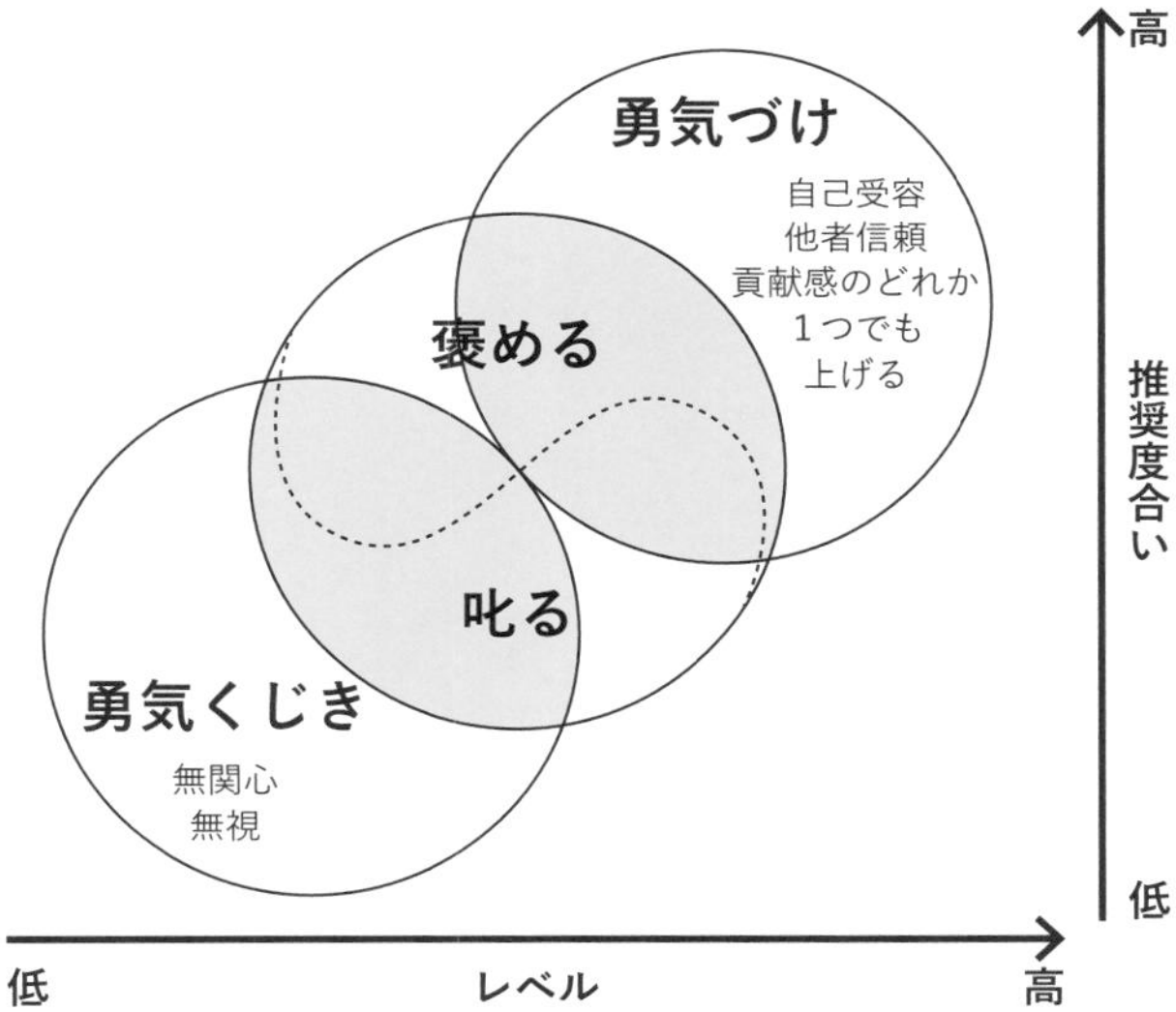

では、**叱る**や**褒める**という対応はどうでしょう。

上司に無視されるよりは「**お前はダメだな。もっとちゃんとやれ！**」と叱られたほうがまだマシだと感じる人は少なくないでしょう。もちろん、叱られるよりも、褒められるほうがずっといいと感じる人のほうが多いのは当然です。しかし、**褒められてもまったく心に響かなかったり、かえってプレッシャーになる**こともあります。たとえば、こんなケースです。

仮想事例1　褒めたら相手の勇気をくじいてしまった

プレゼンの準備をしている部下を激励するつもりで「君は優秀だから大丈夫だ」「その内容なら必ず成功する。がんばれ！」と言ったのに、部下はそれをプレッシャーだと受け取ってしまい「無理です」という反応が返ってきた。

仮想事例2　思わず叱責したら、相手の勇気づけになった

プレゼンの準備をしている部下の態度が不満で「お前、何やってるんだ！」とついつい怒鳴ってしまったら、「すみません！　がんばります」とむしろ気合が入った。

これらはけっして珍しいケースではありません。つまり、勇気づけたつもりで相手の勇気をくじいたり、けなしたつもりなのに相手に勇気が湧いたりすることが日常的に起きるのです。これは、**褒める・叱るという行為があくまでもこちらからの目線に過ぎない**からです。勇気づけられるかどうかは、受け取る相手側の反応がすべてと言えます。叱るにしても、褒めるにしても、相手の内側からエネルギーが湧いてきたらそれで良いのです。アドラーは、**大事なの**

は行為をする側ではなく、受け手の状態だと言っています。

ですから、シンプルに定義すればこうなります。

●勇気づけとは、相手が元気になること
●勇気くじきとは、相手の元気がなくなること

こちら側が何を言ったのか、叱ったか、褒めたかは一切、関係ありません。受け取る側の反応がすべてというのが、**勇気づけ**の大前提です。

【解説】勇気づけの語源はドイツ語のムート（Mut）＝気

前野　「勇気づけ」「勇気くじき」という用語は英語の encourage や discourage をそのまま持ってきたものですね。直訳的で、つくったような言葉だなあと以前から思っていたんです。

平本　じつはアドラー自身は、勇気づけについてドイツ語で「**ムート（Mut）が大事だ**」という言い方をしているんです。ムートは英語でたいていカレッジ（courage ＝勇気）と翻訳されるので、これがさらに日本語に訳されたわけですが、私はニュアンスが少し違うと思っています。ムートはむしろ日本の「気」に近い概念で、元気、勇気、やる気、根気、本気の「気」なんです。

前野　そうなんですか。たしかに、**気という内側にあるエネルギーが湧いてくる**というイメージは日本人の僕にはしっくりきますね。もともと日本にもあった「気」の概念が忘れかけられていて、それがドイツ、アメリカ経由で戻ってきたようにも思えます。

平本　私もそう感じます。褒めるか叱るかは関係なく、受け手である子ども、部下、社員の内側からむくむくとやる気が満ちて「やれそうだ」「試してみよう」となるイメージです。だからこの言葉も受け手目線で、勇気づけよりも**勇気起こさせ**、勇気くじきも**勇気減らさせ**とでも呼ぶべきなのかもしれません。

前野　なるほど。勇気づけ、勇気くじきという表現はすでに専門用語になってしまっていますが、あくまでも主語は受け手だというニュアンスは理解したうえで使いたいですね。

アドラーは承認欲求を全否定していない

平本　ちなみにベストセラーになった岸見一郎先生のご著書『嫌われる勇気』（ダイヤモンド社）を読まれた方に「アドラーは承認欲求（「認められたい」という欲求）を全否定したのでは？」と聞かれることがあるのですが、それは誤解です。**アドラーは承認欲求を全否定してはいません。**

承認は英語ではacknowledgeで、本来「事実を認める」という意味ですが、日本語では「褒める」と似たニュアンスがあり、混同しやすいんです。アドラーは「褒めればいい」という対応を奨励しないのであって、承認欲求を全否定したわけではありません。本のタイトルのインパクトが強いせいか、誤解されがちなので、ここで補足しておきます。

前野　承認だけでなく、**褒めると勇気づけも日本では混同されがち**ですね。日常的な会話では「勇気づける」も含めて「褒める」という言い方をすることがある。だから、承認する、褒める、勇気づけを明確に分けておかないと、誤解しやすそうです。

平本　おっしゃるとおりです。相手を褒めることが勇気づけになるときとならないときがある。**褒める・叱るはこちらの行動で、勇気づけ・勇気くじきは受け手の状況。**それをはっきり区別して考えることが大切です。岸見先生は、おそらく「**他人の目なんて気にせず自分に正直に生きましょう**」とおっしゃりたいのだろうと思います。

前野　ああ、なるほど。『嫌われる勇気』の勇気(courage)もアドラーの勇気づけ(エンカレッジ＝encourage)から来ているんですね。

平本　そう思います。ですから、相手の良いところ、増えてほしいところはむしろしっかり承認しましょうと、私は言っているんです。

前野　自分と相手を認めてエンカレッジしましょう。そういうニュアンスなんですね。

褒める・叱るが通用した時代と通用しづらい時代、どこが変わった？

褒める・叱るというコミュニケーションは、かつての日本では指導や教育、しつけの基本のように見なされてきました。ですから年長者ほど、この方法が通用しなくなったことに驚き、「時代が変わった」「もうそういう時代じゃないんだな」とぼやきがちです。

では、昔と今では何が変わったのでしょうか。

ポイントは、両者の立場です。

褒める・叱るというコミュニケーションには、**上下関係が欠かせません。**

昔、日本のほとんどの組織には**年功序列**という確固たるヒエラルキーがありました。上の立場の人ほど豊富な経験と知識があり、成果も出しやすいのが当たり前だったのです。この関係性は1つの組織内だけでなく、社会にも広く共有されていたと言えるでしょう。

この場合、上下関係はお互いの了解の下に成り立っていますから、上の立場の人から「良くやった」と褒められれば、受け取る側も「すごい人に評価された」と思えます。「どうしてこんなことができないんだ!」と叱られても「もっとがんばって上司に認めてもらおう」と発奮できたのです。

しかし、今の組織や社会はそうではありません。年齢や勤続年数、役職で、経験や知識を判断することはできません。転職やダブルワークなど、働き方も多様になってきています。

こうした時代では、他業種から来たマネージャーより、現場のスタッフのほうがはるかに経験や知識が豊富というケースも珍しくありません。そうした関係では、叱るのはもちろん論外で、「良くやった」と褒めても「あなたに言われたくないよ」となってしまいます。「ここを改善したほうが良いですよ」というアドバイスさえ「何も知らないくせに、偉そうに」と思われかねません。

褒める・叱るには上下関係がある

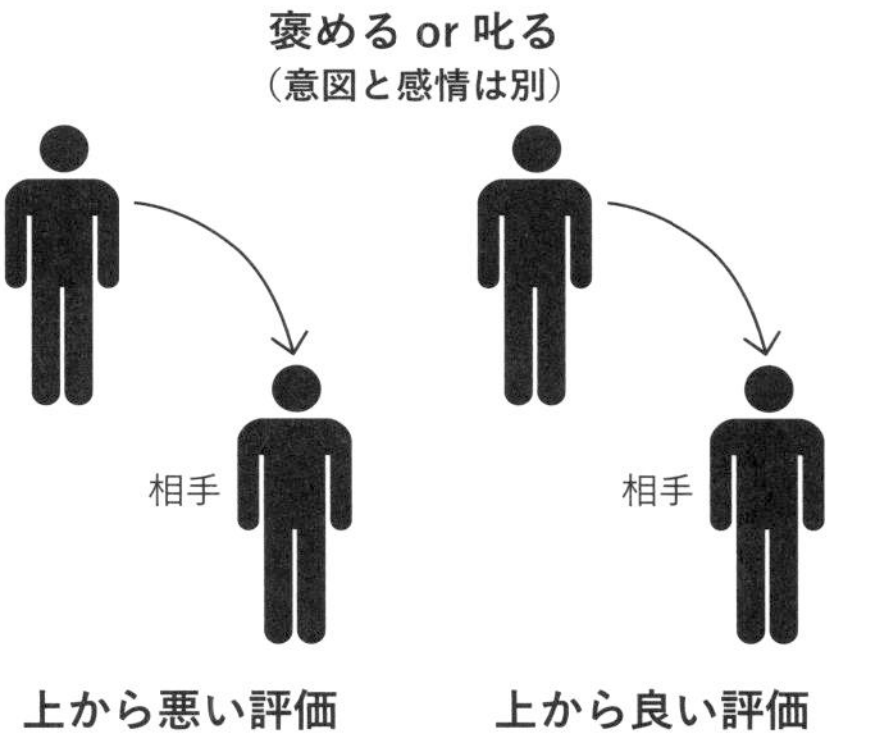

ですから、日本では、**褒める・叱るが、わりと通用する時代が過去にはたしかにあった**と言えます。しかし、今は違います。そして、**これからはますます通用しなくなる**と考えたほうがいいでしょう。

こうした時代にこそ活用していただきたいのが、アドラーの**勇気づけ**です。

褒める・叱るのように上下関係で評価するのではなく、対等なヨコの関係で、相手の気が高まるように促すコミュニケーション技法です。

たとえばこんな事例で考えてみましょう。

仮想問題 **年上で経験豊富な部下への接し方**

自分よりも年上で、経験もある部下が成果を出した。

ここで年下の上司が「良くやってくれた」と言っても、たとえ「良くやってくれましたね」と敬語を使ったとしても、上からの評価目線になってしまう。ここでかけるべき言葉を考えてみてください。

正しい勇気づけの例は、次のようなものです。

「〇〇さんががんばってくれたおかげで、チームのみんなが助かりました」

これは、**上から目線の評価ではなく、まわりの人や自分への貢献を指摘する**ことで、相手を勇気づける言い方です。

勇気づけには上下関係がなく、ヨコの関係

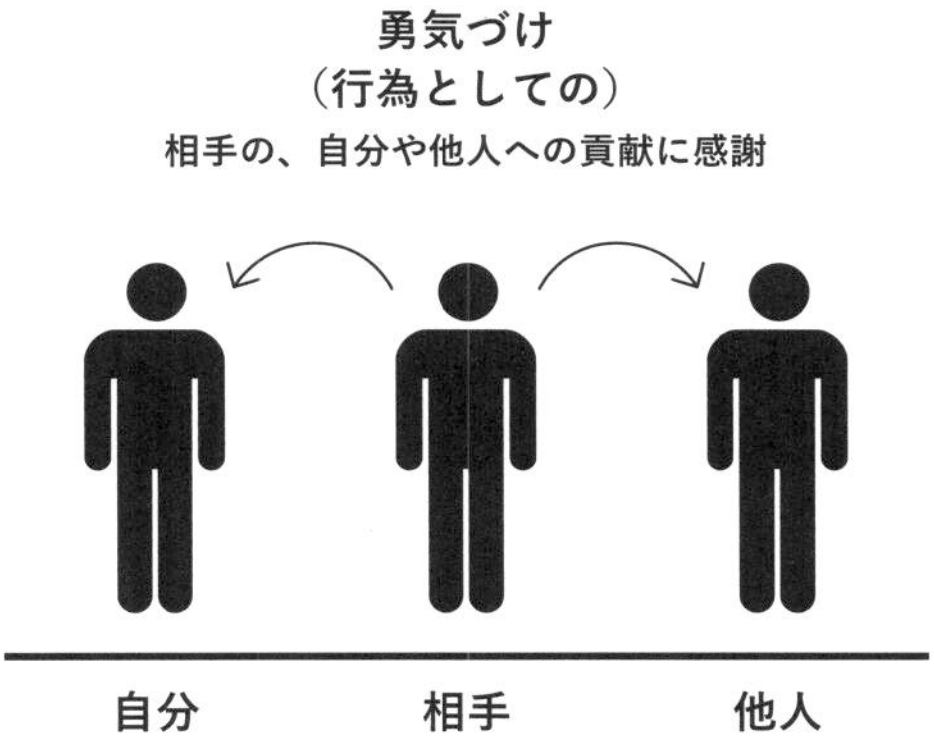

違いがわかるでしょうか？

はっきりとわからなくても構いません。次の項から、この勇気づけの実践法をできるだけわかりやすく具体的に紹介しますので、やりやすいところから、少しずつでも実践してみてください。効果はすぐに出ますので、きっとあなたも違いが実感できるようになるはずです。

【解説】これからの時代、勇気づけはコミュニケーションの基本になる

前野　アドラー心理学の勇気づけという1世紀も前に生まれた技法が、新しい時代に対応するために有効だというのは面白いですね。その一方で、たしかにアメリカあたりと比べると、日本はまだまだ勇気くじきのコミュニケーションが多い気がします。

平本　私もそう思います。日本では相手の勇気をくじくコミュニケーションがあまりにも多い。だから勇気づけという発想がもっと根づいてほしいと願っています。

前野　本当は、さっきおっしゃったように**勇気起こさせ**と呼ぶほうが相応しいのかもしれません。勇気づけという言葉には「こちらが相手に勇気をつけさせて教育している」というような、上から目線感がありますから。だからやっぱり、褒めるかどうかではなくて、相手の中に勇気がモコモコ湧いてくるか、勇気がシュルシュル減っていくかなんですね。

平本　そうです。くどいようですが、何度でも言わせてください。言う側ではなく、言われる側の中で勇気の点数が1点でも2点でも上がるためにはどう振る舞うのがいいのか。そう発想するのが、勇気づけなのです。

実践編／勇気づけのメッセージ〈その1〉

創造的自己の勇気づけ

ここからは、勇気づけの実践編です。

アドラー心理学では、具体的な勇気づけのメッセージを、アドラーの5つの理論ごとに分類し、整理しています（232ページの「勇気づけのメッセージ一覧」参照）。

こちらがどんなメッセージを伝えれば相手の勇気が高まり、どんなメッセージを伝えると逆に勇気をくじいてしまうのかをまとめたものです。

まず、**創造的自己（自分の人生を自分で決められている感覚）からの勇気づけ**から紹介しましょう。2つあります。

「過程をも重視したメッセージ」は勇気づけになる

これは何かの成果を挙げた相手を勇気づけるものです。

このとき**成果のみを重視するメッセージは勇気くじき**になる可能性があります。

一方で、**過程をも重視するメッセージは勇気づけ**になるのです。

営業成績で全社1位を達成した部下にかけるメッセージで考えてみましょう。

×成果のみを重視するメッセージ⬆勇気くじきの可能性あり

「全社で1位とはすごいね」と褒めるのは、問題がないように思えるかもしれません。

しかし、このメッセージには「1位だったから価値があった。もし2位以下だったら価値はない」と相手が受け取る余地があります。そうすると、「次も1位をとらなければ褒められない」というプレッシャーを与えるメッセージになってしまい、たとえ2位であっても立派な成果に変わりはないのに、自分にダメ出しするようになったり、極端な場合は、「1位をとることが大事なのだから、手段は問わない」と不正に手を染めてまでも成果を挙げようとする方向に意識が向く可能性もあるでしょう。

さらに言えば「自分は営業成績がいいから偉い。1位をとったことがない○○くんや△△さんはダメな奴だ」と営業成績の悪かった同僚を見下す方向に意識が向く可能性もあります。

◎過程をも重視するメッセージ⬆勇気づけになる

「営業成績で1位になった」というのは事実ですから、その事実は承認したうえで「1位を達成するまでに、相当がんばったね」とか「一生懸命に努力した成果が出ましたね」とそれまでの過程を評価します。

こうした言い方をすると、どんな部下でも、「自分のがんばりや努力が成果に結びついたんだ」という方向に自然と意識が向くようになります。

このような関わりの積み重ねがあれば、その後の期に営業成績が振るわなかったとしても、「どういうがんばりが足りなかったんだろう？　次はもっと努力してみよう」と思えますし、不正をしてでも1位を取りたいなどというプレッシャーもさほど感じなくなります。また、自分と他人の成績を比較する方向にも意識は向かず、誰かを見下すことよりも「営業目標に向けて自分がどうしたらいいか」にフォーカスしやすくなるのです。

「努力にも注目したメッセージ」は勇気づけになる

これも同じく、何かの成果を挙げた相手を勇気づけるものです。

このとき**能力だけに注目したメッセージは勇気くじき**になる可能性があります。

一方で、**努力にも注目したメッセージは勇気づけ**になります。

業務改善が得意で表彰された部下に伝えるメッセージを例に解説します。

×能力だけに注目したメッセージ⬆勇気くじきの可能性あり

「○○さんは業務改善が得意ですね」とだけ褒めるのは、勇気くじきになるかもしれません。たとえば、能力の高さだけを認められたことで、部下は「自分は業務改善が得意だけれど、苦手な人はダメだ」と能力の低い人を軽視する方向に意識が向く可能性があります。

それが積み重なっていくと「不得意な人に教えてあげたら」と言っても、「あの人にはどうせわからないから」と考えるようになるかもしれません。

◎努力にも注目したメッセージ⬆勇気づけになる

「○○さんは、本当に業務改善が得意ですね。表彰、おめでとう。これまでの勉強や取り組みが認められましたね」「前は苦手だったのに、努力したことが形になりましたね」というような、成果に至るまでの努力に注目したメッセージは勇気づけにつながります。なぜなら、今後、プロジェクトがうまく進まないことがあっても「私が不得意だからダメなんだ」ではなく、「次はもうちょっと工夫して努力してみよう」と思える方向に意識が向くからです。

これは、目の前の業務が得意な場合に限らず、苦手な部下にも有効です。たとえば「前回は3割の出来だったけど、すごくがんばって今回は4割まで自分でできたね」と努力した点に注目すれば、部下はそちらに意識が向くでしょう。

このように、「自分はできる」「あいつはできない」という前提に立つよりも、「努力が報われた」という前提に立つほうが、自分の人生をコントロールできる感覚（＝創造的自己）は高まり、勇気が湧く、とアドラーは考えます。もちろん、このメッセージならば、何かの業務が不得意な同僚を見下すようなことも起きにくくなります。

過程や努力に意識を向けるように促すメッセージは、受け取る側に自分の人生をコントロールできている感（＝創造的自己）を育むきっかけになるのです。

【解説】地位財は勇気くじき、非地位財は勇気づけ

前野　この「**自分の人生をコントロールできている感**」は、現代心理学で言う自主性や主体性、自己決定性に対応する部分で、幸せにも大いに影響する要素だと思います。幸福学の議論で僕が重視している**地位財**（他人と優劣を比較できる財。お金、モノ、社会的地位、点数など）、**非**

地位財（他人と優劣を比較できない財。愛情、自由、自主性など）の考え方とも一致しますね。**営業成績やテストの点数、業務や教科の得意・不得意に注目するのは地位財的な発想で、これによる幸せは長続きしない**ことがわかっています。つまり、勇気くじき型になる。一方、**過程や努力のような非地位財による幸せは長続きする**んです。

幸せの4つの因子で言えば、4つめの**ありのままに因子**に関係していますね。研究によると、他人と自分を比べすぎない人のほうが幸せなので、成果や結果を人と比べないほうがいい。**やってみよう因子**で言えば、やりがいを感じる人は幸せという結果が出ていますから、「がんばったね」と過程や努力を認められるほうが、結果を認められる地位財よりも幸せが長続きする……と、延々1時間は語り続けられるくらい、幸福学と符合しています。

平本　そうですね。過程や努力に意識が向いていれば、仮に今回は成績が悪くても、まわりがもっと成果が低くても「次はこれを2割増しにしよう」などと、自分でコントロールできる。

成果や能力を評価してしまっても、勇気づけの言葉をつけ足せばいい

前野　そう思います。ただ、わかっていても、部下が過去最高の業績を上げたら、自分もうれしくなって、「1位をとってすごい！」「入賞して偉かったね」と反射的に言ってしまいそうです。

平本　そこはつけ足ししたいところですね。「全社1位！　すごい！」とつい言ってしまったら、

その後に「どんなところをがんばった？」と聞いてほしい。そうすれば勇気づける方向に意識を向けるメッセージになります。

前野　なるほど。ということは、２３２ページの「勇気づけのメッセージ一覧」の表の左側「勇気をくじくメッセージ」は、絶対に言ってはいけないというわけではなくて、そこで終わると相手の勇気をくじいたり、マイナスな方向に意識を向けさせかねないという意味なんですね。そこに、本人やまわりの人に**勇気を起こさせるような言葉を足せばいい。**

平本　そうですね。言ってはいけないという意味ではありません。たとえば「業務改善が得意だね」と言ったとしても、あとで紹介する「**貢献や協力にも注目したメッセージ**」（２２８ページ参照）をその言葉に続ければ勇気づけになります。「そんなに得意だったら、誰かに教えてあげたらいいんじゃない？」という具合です。これは「能力があることで、たくさんの人を助けられる」という方向に意識を向けてもらい、勇気づけようとするものです。できない人をバカにする意識ではなく、協力する方向へ意識を向けていくのです。

前野　日常のちょっとした声がけで「自分の強みをまわりへの貢献に活かそう」という姿勢が身につく。**子どもにも勇気づけを増やしたら、自然な道徳教育にもなりますね。**

目的論の勇気づけ

次は**目的論**（**原因ではなく「どうなりたいのか」という目的に注目する立場**）**からの勇気づけ**を紹介します。こちらも2つあります。

「増えてほしい部分を指摘するメッセージ」は勇気づけになる

相手に直してほしいことを伝えるとき、**できていない部分を指摘するメッセージは勇気くじき**になる可能性があります。

反対に、**増えてほしい部分を指摘するメッセージは勇気づけ**になります。

作業のあと片づけができていない部下にそのことを伝える場合を例に挙げます。


×できていない部分を指摘するメッセージ⬆勇気くじきの可能性あり

「工具を出しっぱなしじゃないか。ちゃんと片づけるように」とダメなところだけを指摘するケースと、「昨日は夜遅くまでよく作業してくれたね。でも工具が散らかっていたよ」と良いところとダメなところをセットで伝えるケース、このどちらも相手の勇気をくじいてしまう可能性があります。

もちろん、このメッセージで「ダメなところを直して次はがんばろう」と反省できる人もいるでしょう。しかし、ダメな点への指摘に意識が向いて「ああ、がんばったつもりだったけど、結局ダメだったんだ」と勇気をくじかれる可能性もあります。また、本人は十分反省したつもりでも、自分では修正できないケースも少なくありません。

◎増えてほしい部分を指摘するメッセージ⬆勇気づけになる

「昨日は夜遅くまでよく作業してくれたね」に続けて、「あとカナヅチはここ、スパナはここに戻してください」と、こちらがしてほしいことを具体的に伝えると、勇気づけになります。

なぜかというと、相手の意識が「できなかったこと」ではなく、「次からすべきこと」に向かいやすくなるからです。結果としてネガティブな感情を抱くこともなく、次からは自主的に問題を解決できる可能性が高まります。

また、こちら側の「直してほしいところを直してもらう」という目的も果たすことができます。そのために、「どうしてやれないんだ」とか「散らかっていた」などという指摘は必要ないのです。

このような声かけのことを「**フィードフォワード**」と呼ぶこともあります。**フィードバック（ミスの原因を指摘する）ではなく、フィードフォワード（これから何をしてほしいかを示唆する）のほうが、成長を促進すると言われています。**

「個人の成長を重視するメッセージ」は勇気づけになる

誰かの能力を評価するとき、

他人との比較を重視する（相対評価）メッセージは勇気くじきになる可能性があります。

反対に、**個人の成長を重視する（個人内評価）メッセージは勇気づけ**になります。

野球部の監督が選手を励ますケースを例にとりましょう。

✕他人との比較を重視する（相対評価）メッセージ⬆勇気くじきの可能性あり

「〇〇さんよりも早く上手くなったね」「△△くんよりも打率が上回るようにがんばれ」など他の人と比較した評価は、たとえこちらが励ますつもりでも、勇気くじきになるかもしれません。

このような個人と個人を比較する相対評価は、比較された対象を「自分よりも劣っている」と相手に意識させてしまったり、「△△に勝たないと認めてもらえない」と過度にライバル視することで、非協力的な態度や考えに陥りがちになってしまいます。また、他人という自分ではコントロールできない基準を持つことで「自分には無理」とあきらめたり、「どうせ私は落ちこぼれだから」と卑下する選手も出るかもしれません。それではアドラーが重視した、共同体感覚を弱めるメッセージになってしまいます。

◎個人の成長を重視する（個人内評価）メッセージ⬆勇気づけになる

「去年よりも打率が上がったね」「2年のときはできなかったけど、3年になって守備範囲が広がったな」と、本人の過去と比べると、勇気づけになります。

他人とではなく、その相手の過去と比べて成長を評価（個人内評価）することで、誰かを見下したり、逆に自分を卑下したりすることなく、自分自身の成長を実感し、さらなる努力に意識を向ける可能性が高まるのです。

【解説】不完全である勇気を持つ

前野　相対評価については、僕も「営業成績1位を表彰するようなやり方はあまり良くないですよ」といつも話すんです。すると「1位になった経験が励みになって、立派に出世した人もいます」と言われることがある。それは、その方の意識が「他の人を上回ったからすごい」という方向ではなく「努力したから達成できた」という方向に向いたからだと思うんです。だから、仮に表彰するにしても、そこをしっかり伝えればいいということでしょうか？

平本　おっしゃるとおりだと思います。「営業成績1位おめでとう。この成果を出すためにどんな努力をしましたか？」といった感じで、**そこに至るプロセスやその人なりの工夫に意識が向くような言葉**をかけると、勇気づけになる可能性が高まるでしょうね。他人と比べることより、前回よりも今回、今回よりも次回は何を工夫できるかに意識を向けてくれれば、その人だけでなく、**組織全体の生産性も高まるはずです。**

前野　他人と比較する場合でも、勇気づけになる視点のメッセージを加えるようにすればいいんですね。これは覚えておきたい「技」です。

平本　はい。こうやって解説している私自身も、勇気くじきの言葉をつい口にしてしまうことがあります。アドラー心理学では「**不完全である勇気を持ちなさい**」と言われています(笑)。

前野　はあ、なるほど。それはすごくいいですね。

平本　勇気づけの言葉をかけたいけれど、なかなかできない。そんな、**できない自分にも気軽にOKを出したほうが、結局は早くできるようになります。**

実践編／勇気づけのメッセージ〈その3〉

主観主義の勇気づけ

続けて主観主義（相手の立場から関わる）からの勇気づけを解説します。４つあります。

「伝えられる側の気持ちも考慮したメッセージ」は勇気づけになる

伝える側の気持ちだけのメッセージは勇気くじきになる可能性があります。

反対に、**伝えられる側の気持ちも考慮したメッセージは勇気づけ**になります。

これはこの章の最初に、勇気づけの定義としてお話ししたことと同じです。もちろん『嫌われる勇気』で言及されていたように、伝えられる側の気持ちばかりを斟酌《しんしゃく》しすぎて自分の意見が言えないのも問題ですから、どちらも大事です。

幼稚園に入りたての子どものしつけを例にとりましょう。

×伝える側の気持ちだけのメッセージ⬆勇気くじきの可能性あり

社会性がまだ育っておらず「今、遊びたい」とおもちゃを独占したがる子どもに「〇〇ちゃん、ガマンしなさい」「もう遊んだでしょう。△△ちゃんに貸してあげなさい」と言うのは、子どもの勇気をくじいてしまう可能性があります。

これらのメッセージには、伝える側(親)と△△ちゃん(子どもの友だち)の気持ちしか考慮されていません。しかも上から目線になって、「こちらが判断、評価、分析、解釈する」「あなたメッセージ」にもなっていますから、勇気くじきの典型的な言葉だと言えるでしょう。

◎伝えられる側の気持ちも考慮したメッセージ⬆勇気づけになる

子どもが「このおもちゃで遊びたい！」と言うのなら、まず主観主義で「〇〇ちゃんはこれで遊びたいんだよね」と本人の気持ちに共感してから、「ところで、△△ちゃんもこのおもちゃが好きで遊びたいみたいだよ。どうしようか」と、子どもに他の子の主観になってもらい、それから本人が納得のいく答えが出るまで話をすると、勇気づけになります。

答えが出せない場合は、「私メッセージ」で「私ならあそこの時計が12時になるまでは別のおもちゃで遊んで、それから△△ちゃんと交換しようと言ってみるかな。どう思う？」とヨコの関係で提案するのもいいでしょう。ただし、その場合でも、判断をするのはこちらではなく、子ども本人です。

この勇気づけを子どものしつけに取り入れると、自分の立場と相手の立場、どちらも尊重する俯瞰した目線を自然に持てるようになります。

「意見としてものを言う（意見ことば）メッセージ」は勇気づけになる

相手に対して、

正論としてものを言う（事実ことば）メッセージは勇気くじきになる可能性があります。

一方で、**意見としてものを言う（意見ことば）メッセージは勇気づけ**になります。

つまり正論ではなく、意見を伝えるようにしましょう、ということです。

営業マンの部下がミスをしたときにかける言葉について考えてみましょう。

✕正論としてものを言う（事実ことば）メッセージ⬆勇気くじきの可能性あり

たとえば顧客リストを忘れて外回りに行った部下に「顧客リストも持たずに営業に出るなんて、どう考えてもおかしいだろう」「そのくらい常識でわかるだろう」と正論をぶつけると、相手の勇気をくじいてしまう可能性があります。

正論のメッセージ（事実ことば）はたしかに間違ってはいません。しかし、というか、だからこそ、相手を必要以上に追い込んでしまうことがよくあるのです。正論であればあるほど反論の余地がなくなり、多くの場合、相手の勇気はくじかれてしまいます。なかには「何くそ、このミスを取り返すためにがんばろう！」と奮起する人もいるかもしれませんが、そんな人は10人中1人いるかいないか程度でしょう。

◎意見としてものを言う（意見ことば）メッセージ⬆勇気づけになる

「外回りをするときは、顧客リストを持っていったほうが動きやすくて便利だと思うよ」というように、こちらの意見として伝えると、勇気づけになります。

言葉の内容はほとんど同じなのですが、意見の形になったことで、相手も「ああ、たしかにそうですね。すみません。次はそうします」といった感じで自然に受け取り、次回からは気をつけよう、という方向に意識が向きやすくなります。

「ポジティブな表現を使うメッセージ」は勇気づけになる

相手に対して、

ネガティブな表現を使うメッセージは勇気くじきになる可能性があります。一方で、**ポジティブな表現を使うメッセージは勇気づけ**になります。

部下が疲れていそうだなと感じたときにかける言葉を考えてみましょう。

×ネガティブな表現を使うメッセージ⬆勇気くじきの可能性あり

部下に対して「顔色、悪いよ。どうした？　疲れてる？」と声をかけるのは、勇気くじきになるかもしれません。

顔色が悪いのは事実かもしれませんが、このメッセージを受け取った相手は「顔色が悪いんだ」「疲れているのかな」という方向に意識が向いてしまい、「自覚していなかったけれど、そうかもしれないな」と、かえって疲れを感じやすくなってしまうのです。

◎ポジティブな表現を使うメッセージ⬆勇気づけになる

「大変かもしれないけれど、すごくがんばってくれているね。ところで体調はどう？　大丈夫？」とポジティブな言葉で声をかけると、勇気づけとなり、上司から評価されたことや、仕事に集中している自分自身に意識が向きます。その結果「はい、がんばっています。でも無理はしないように気をつけます」といった反応になりやすいのです。

つまり、**かけられる言葉で人の意識の方向性は変わるので、ネガティブワードよりはポジティブワードを使うのが良い**というわけです。

「共感するメッセージ」は勇気づけになる

相手に対して、

同情するメッセージは勇気くじきになる可能性があります。

一方で、**共感するメッセージは勇気づけ**になります。

この2つの明確な違いは両者の関係です。同情には上から目線がありますが、共感はヨコから目線だと言えます。

困っている人にかける言葉を考えてみましょう。

×同情するメッセージ⬆勇気くじきの可能性あり

たとえばお金に困っている人、大災害で被災した人に「かわいそうに」と声をかけるのは、勇気くじきになる可能性があります。

同情する側にまったくそんなつもりがなくても、相手からは上から目線の言葉と受け取られることも少なくありません。ときには、バカにされていると感じたり、マウンティングされているような感覚になったりするものです。そうすると「あなたに言われたくないよ」と思われてしまいます。

◎共感するメッセージ⬆勇気づけになる

親しい友人ならば「わかるよ」と伝えるだけで、相手に共感を示し、勇気づけることができます。それほど親しい相手でない場合は、自分自身が経験した過去の近しい出来事や、「自分が似たような立場だったとき、こんな気持ちになった」という事例を話すことで、共感を示すといいでしょう。ポイントはヨコの関係で、相手の気持ちに寄り添うことです。

【解説】アドラー心理学は組織の全体的合理性も高める

前野　日常生活の中でこうした勇気づけのメッセージをいつも言えるようになるには、1つは**「スキルとして練習する」**という方法があるんだろうなと思うんです。でも、共同体感覚が強くて、自己受容ができている幸福度の高い人はこういうメッセージが自然と口をついて出てくるのではないですか？

平本　おっしゃるとおりで、共同体感覚の3つの因子が満たされている人は、こうした言葉を、スキルではなく、自然と発する余裕があるんです。

前野　ああ。余裕があるという感じはわかります。勇気くじきの例は、まさに余裕がないときに口をついて出てしまう言葉が多い。「どうしてリスト持っていかないんだ！　バカ！」なんて言いたくなる気持ちもわかる。でも、そうは言わずに「忘れたんだな」と受け止めて、冷静に勇気づけの言葉を言えるようになるには、いわゆる人間的成長が必要なんだろうなという感じがします。

平本　そうですね。それに加えて、私にとってのアドラー心理学は全体的合理性を高める方法**でもある**んです。

部下の営業マンに「どうしてリストを忘れるんだ!」とつい言ってしまった。それで勇気をくじかれてショボーンとした部下が、再び自信を回復して、それなりの成果が出せるようになるまでの期間のトータルとしての営業成績を想像してみてください。

それと、たしかにムカッとはしたけれど「子どももまだ小さいから大変だろうな。次回はリストをチェックしてから行くように」と勇気づけのメッセージを伝えて「すいません。次から気をつけます」とすぐ切り替えてもらった場合の営業成績を比較して、「**全体的な生産性が高いのはどちらだと思いますか?**」というのが私の立場なんです。

前野 幸福学の立場からも、明らかに後者ですね。

平本 私もそう考えています。**幸せとビジネスは相反するどころか、完全に一致する。**社員みんなの視点が広く、お互いにヨコの関係で協力できる幸せな職場(=共同体感覚)ならば、絶対に業績や生産性は高まります。利益も早く出るし、それが長く続く。

前野 早いんですか。

平本 はい。**結果が出るのも早いし、それに至るプロセスも速い**んです。

実践編／勇気づけのメッセージ〈その4〉

対人関係論の勇気づけ

次に**対人関係論（すべての問題は対人関係に由来するという立場）からの勇気づけ**を解説します。他の人の役に立っていることに気づけるようにするメッセージを送るものだと捉えればいいでしょう。これには2つあります。

「貢献や協力にも注目したメッセージ」は勇気づけになる

仕事の成果や試験などの優劣の結果が出た相手に、**勝ち負けだけに注目したメッセージを伝えると勇気くじき**になる可能性があります。

反対に、**貢献や協力にも注目したメッセージは勇気づけ**になります。

幼稚園や小学校の運動会を例に解説します。

×勝ち負けだけに注目したメッセージ ⬆ 勇気くじきの可能性あり

運動会の徒競走で1位になった子に「1等賞すごいね」と勝ち負けだけに注目したメッセージを伝えると、その子どもの勇気をくじいてしまう可能性があります。

勝ち負けだけに注目したメッセージを伝えると、子どもの意識もそちらに向いてしまいます。最下位だった子はもちろんのこと、1位の子も自分を誇る一方で、他の子を見下すようになったり、「1位以外はダメなんだ」と他人に勝つことばかりにこだわる意識が芽生えるかもしれません。これは勇気づけではなく、勇気くじきです。

みんなで一緒にゴールして「全員を1位にする」という運動会がありますが、このやり方だと、本当は速く走れる子が自分の能力を出し切れません。

一方でアドラーは、勝ち負けが悪いとは考えません。競争も否定していません。問題なのは、勝ち負けだけに注目することです。

◎貢献や協力にも注目したメッセージ➡勇気づけになる

「1等だったね」「足速いんだね」とまず勝ったことを褒めるのは構いませんが、そのうえで「何かコツがあるの？　それを誰かに教えてあげたらどうかな」「○○くんは腕の振り方がおかしいから、教えてあげたい」「じゃあそうしようよ」といった感じで、その能力を他の誰かへの貢献につなげるようなメッセージを加えると、勇気づけになります。

こうすれば、誰かをバカにしたり、打ち負かそうという方向に意識は向かいません。それだけでなく「**自分の能力で他の誰かに貢献したり、役に立てることはないだろうか**」と考える習慣がつけば、自然に共同体感覚も高まっていくはずです。

「感謝するメッセージ」は勇気づけになる

成果を出した相手に、

×褒めるメッセージを伝えると勇気くじきになる可能性があります。

◎感謝するメッセージを伝えると勇気づけになります。

感謝するメッセージは「**自分は誰かの役に立った**」という方向に意識を向けるきっかけになり、相手の貢献感を高められるので、勇気づけになるのです。

勇気づけの実例解説は以上です。最後にアドラー心理学の哲学である共同体感覚の3要素から勇気づけをもう一度、定義しておきましょう。

●勇気くじき＝相手の自己受容、他者信頼、貢献感のどれか1つでも下げること。
●勇気づけ　＝　相手の自己受容、他者信頼、貢献感のどれか1つでも上げること。

【解説】勇気づけは、相手と自分を幸せにするための活動

平本　私の友人が経営している保育園では、逆立ち、かけっこ、跳び箱などあらゆることで子どもたちに競争をさせるんです。でも、そこで必ず貢献や協力にも注目したメッセージを伝えて、勇気づけをする。「すごく高く跳べたね。じゃあ誰に教えてあげようか？」「○○くんは僕より跳べるようになれると思うから、教えてあげたい」というふうに話していくんです。

前野　勇気づけを教育に取り入れているんですね。

平本　はい。**何かを上手くできるということは、誰かに貢献できるということとイコールだ**という方向に意識を向けるように促している。競争や勝ち負け自体はあってもいい。ただし、その能力を周囲や社会に貢献することに使わなかったり、自分は他人より秀でているんだとマウンティングしたらダメですよというのがアドラーの考え方なんです。

前野　勝ち負けを競う場合は、とくに**貢献や協力にも注目する勇気づけ**が大事になるんですね。

平本　まさにラグビーのノーサイドで、ゲームのあいだは必死でがんばるけれど、終わったら健闘を称《たた》え合って、互いに協力できるところを探す。これを続けていると、まわりを「自分が助ける対象」として認識できるようになるんです。

〈参考図書〉田中孝太郎著『やらせない、教えない、無理強いしない―天才キッズクラブ式―最高の教育』（きずな出版）

勇気づけのメッセージ一覧
～個人の幸せと共同体への貢献（組織の総生産性）の最大化～

	勇気をくじくメッセージ	勇気づけるメッセージ
	コントロールできることにフォーカス〈創造的自己（自己決定性）〉	
❶	成果のみを重視	過程をも重視
❷	能力だけに注目	努力にも注目
	結局、本当はどうなればいい？〈目的論〉	
❸	できていない部分を指摘	増えてほしい部分を指摘
❹	他人との比較を重視（相対評価）	個人の成長を重視（個人内評価）
	相手の立場で言う〈主観主義〉	
❺	伝える側の気持ちだけ	伝えられる側の気持ちも考慮
❻	正論としてものを言う（事実ことば）	意見としてものを言う（意見ことば）
❼	ネガティブな表現を使う	ポジティブな表現を使う
❽	同情する	共感する
	「他人の役に立っていること」に気づける〈対人関係論〉	
❾	勝ち負けだけに注目	貢献や協力にも注目
❿	褒める	感謝する
	どちらも必要（正しい）、丸ごとOK〈全体論〉	
⓫	成功だけを認める	失敗をも受け入れる
⓬	こちらが判断、評価、分析、解釈する	相手の判断、評価、分析、解釈を聞く
⓭	「あなたメッセージ」で伝える	「私メッセージ」で伝える

かけっこを教えてもらった子は、得意な図画工作で誰かの役に立とうとする。苦戦している子を見つけて「手伝おうか」と声をかけるかもしれません。こうなれば、助けてもらった側に劣等感はなく、むしろ感謝を持ちます。ためらうことなく、誰かに協力を請うこともできるでしょう。こういう**「自分の得意で誰かを助けたいな」という連鎖**が子どもの時期にでき上がれば、大人になっても抜けないんです。

前野　この**「勇気づけのメッセージ一覧」**(右ページ参照)は本当にいいですね。13の項目すべてが、僕が幸せの研究で考えてきたことと完全に一致していると思います。幸せの4つの因子で言えば、やってみよう因子には、過程の重視や努力の要素が入っています。ありがとう因子は、感謝、貢献、共感ですし、なんとかなる因子はポジティブな表現、失敗をも受け入れるといった項目が当てはまります。ありのままに因子は、人と比べて勝ち負けとか成果にこだわるのではなくて、個人の成長を重視といった項目に通じます。

ですから、**アドラー心理学の勇気づけは、相手と自分を幸せにするための活動であり、勇気くじきは、相手も自分も不幸せにしかねない活動**だと言えます。

平本　ありがとうございます。第3章のリフレームも、この勇気づけも、最後はアドラー心理学の土台である共同体感覚が高まることにつながっていくんです。実際に使ってみれば、必ず実感していただけると思います。

実践編／勇気づけのメッセージ〈その5〉

全体論の勇気づけ

最後は**全体論（要素を分けず、全体をまるごと受け入れる立場）からの勇気づけ**です。３つあります。

「失敗をも受け入れるメッセージ」は勇気づけになる

相手の発言や行動に対して、**成功だけを認めるメッセージは勇気くじき**になる可能性があります。

反対に、**失敗をも受け入れるメッセージは勇気づけ**になります。

経営者と社員の関係を例に解説しましょう。

✕成功だけを認めるメッセージ ⬆勇気くじきの可能性あり

カリスマ的なやり手社長が徹底した成果主義と信賞必罰で会社を急成長させるというケース

がありますが、これは社員の勇気をくじいている可能性があります。

成功だけが評価され、失敗が絶対に許されないという状態は、社員にとって「社長に失敗は見せられない」という圧力となり、失敗を恐れるあまり、ミスを隠したり、他の社員に責任を押しつけるようになる可能性があるからです。こうなってしまうと、カリスマ社長にも会社の実情が見えなくなり、組織は危険にさらされます。

◎失敗をも受け入れるメッセージ⬆勇気づけになる

成功したことだけでなく、「新店舗の売上は期待を下回っています」「会社の評判が落ちています」といった失敗の報告も、「言ってくれて、ありがとう」と報告をそのまま受け止めてくれる経営者の下でなら、社員は思い切って「やってみよう！」とチャレンジしてくれます。「失敗を言い訳にチャレンジしない」社員がいるとしたら、経営者の言動が影響しているのかもしれません。

「相手の判断、評価、分析、解釈を聞く」ことは勇気づけになる

こちらが判断、評価、分析、解釈することは勇気くじきになる可能性があります。

反対に、**相手の判断、評価、分析、解釈を聞くことは勇気づけ**になります。

上司と部下の関係で、考えてみましょう。

✕こちらが判断、評価、分析、解釈する➡勇気くじきの可能性あり

進行中のプロジェクトの現状について、上司だけが判断、評価、分析して、現場の部下に「君はここが良かった。あれはダメだった」「あなたは○○をもっとがんばりなさい」と一方的に評価、判断、指示を出す組織は、部下の勇気をくじいてしまう可能性があります。

この場合、部下はプロジェクト全体には意識が向かず、上司の評価だけを気にして「言われたことだけきちんとやろう」という取り組み方になるかもしれません。また、自分の意見やアイデアを発揮できないまま業務を続けることは、意欲を削《そ》ぎ、不満をためる一因にもなります。

◎相手の判断、評価、分析、解釈を聞く➡勇気づけになる

こちらで判断、評価、分析する前に、報告してくれた部下に「これをどう思う?」と相手の考えを聞くことは、勇気づけになります。

こうすることで部下は自分の考えややり方を尊重してもらえたと感じ、次からもっと工夫してがんばろうと思えます。また、自分の考えを認めてくれた上司の意見には、いっそう真剣に耳を傾けるものです。もしトラブルが生じても、上司の顔色を気にすることなく、率直な意見を伝えてもらえる可能性も高まるでしょう。

「私メッセージ」で伝えることは勇気づけになる

「あなたメッセージ」（あなたを主語にする言い方）**で伝えるのは勇気くじき**になる可能性があります。

反対に、**「私メッセージ」**（**こちら側である私を主語にする言い方**）**で伝えるのは勇気づけ**になります。

迷惑だなと感じる相手に意見を言う場面を例にとってみます。

×「あなたメッセージ」で伝える⬆勇気くじきの可能性あり

混雑している電車で、座席に荷物を置いている人に対して「あなたはおかしいと思わないんですか？」「人の迷惑を考えてください」など、「**あなた**」を主語にした伝え方をすると、勇気くじきになってしまう可能性があります。

こうした言い方は、相手の反発心を呼び起こしやすく、「うるさい」とか「大事なモノを足元に置けというのか！」といった感じで拒絶されてしまうかもしれません。相手がこうした反応をしてしまうことも勇気くじきの一種だと、アドラー心理学では捉えます。

◎「私メッセージ」で伝える⬆勇気づけになる

「すみません。私がちょっと気になるので、この荷物は上の棚に置いてもらえませんか？」と「私」を主語にする伝え方をすると、勇気くじきにはなりません。

これは「あくまでも私の意見ですが」「私にはこう見えているのですが」という言い方にすることで、「あなたは違うかもしれませんが」ということを伝え、相手の主観を尊重しようとするコミュニケーションです。たとえば「あなたの行動はおかしいんじゃないですか」や「そのやり方はよくないですよね」の代わりに、「私のために、こうしてもらえませんか？」や「私は、こちらの方法のほうが好きなのですが」と言えば、相手を正論で攻撃するのではなく、相手から「**貢献**」や「**協力**」を引き出すことになり、共同体感覚を高めながら、相手の反発は弱まり、意見を受け入れてもらいやすくなります。

【解説】成功も失敗も受容できたほうが幸せになれる

前野　**失敗をも受け入れるメッセージの例**は、組織の倫理問題でもよく扱われるテーマですね。「絶対に許されない」と厳しくしすぎることで、失敗が隠されてしまう。これが常態化すると、事態はどんどん深刻になります。それよりも「失敗は失敗だ」と受容できる組織のほうが健全に進むことができる。

平本　スーパーマーケットなどで「形は悪いけど味は問題ありません」とか「糖度が低いのでお値打ちです」と表示している商品がありますよね。見かけや糖度といった機能が劣る、いわば**失敗した商品**ですが、その失敗面をあえて積極的に表示するのが特徴です。これがメリットだけを表示する通常の商品よりも、よく売れたりする。安さ以上に、**失敗を隠さない正直さに対して信頼を感じる**人間の心理が大きいのだと思います。

前野　なるほど。「**相手の判断、評価、分析、解釈を聞く**」「『**私メッセージ**』**で伝える**」は、カウンセリングやコーチングの技法と近いと感じました。

平本　そうですね。アドラー心理学では「どちらも正しい、どちらも必要」という全体論に関わる部分です。

前野　こちらの主張を伝わりやすくするという意味では、医療や介護の現場でよく使われる**アサーション**（２４０ページ参照）にも似ていますね。あれはみんなが学ぶべきだと思うんです。

平本　平本式では、アサーションもアドラー心理学の技法を改良しながら用いています。あとで解説しましょう。

実践編／伝わるコミュニケーション

アサーションの基本

アサーションは、アサーティブな（assertive ＝率直な、対等な）自己表現をするためのコミュニケーションスキルとしてアメリカで開発されたものです。アドラー心理学と親和性が高く、平本式では技法の1つとして取り入れています。非常に使えるものなので、この章の最後にその基本を紹介しておきましょう。


私たちが他の人に何かを伝えようとするとき、おもに2つの観点があります。

まず1つめの観点は、**相手を傷つける言い方**をするか、**傷つけない言い方**をするかです。

もう1つの観点は、**要求をはっきり伝えるか**、**はっきり伝えないか**です。

この2つの観点の組み合わせから、4通りの伝え方が生まれることを示したのが、左ページの図です。

日本人の場合、多くの人が「相手を傷つけない」ことを最優先します。そのため相手への文句や不満のような言いづらい内容になるとガマンをして、要求をはっきり伝えないコミュニケーションを選びます。つまり**①ガマンの伝え方**を選択するのです。

しかし、ガマンには限界があるものです。それでもがんばって長い間ガマンを続けてしまうと、ついにはキレてしまい、相手を傷つけ、責めるような形で、要求を伝えてしまうことがあります。これは**②セメル伝え方**を選んだと言えるでしょう。

このように変化してしまうと、後悔することになります。そのときに選びがちなのが、相手に察してもらおうとするコミュニケーションです。つまり、はっきりとは言わないものの遠回しに要求を伝えようとするのですが、これは相手にとっては**③イヤミな伝え方**になりがちだとも言えます。

4通りの伝え方

	相手を傷つけない	相手を傷つける
要求を伝えない	**①ガマンの伝え方**	**③イヤミな伝え方**
要求を伝える	**④ツタワル伝え方**	**②セメル伝え方**

そのため、日本ではほとんどの人が**①ガマンの伝え方**(傷つけないために要求を伝えない)か**②セメル伝え方**(傷つけてでも要求を伝える)の二択か、もしくは**③イヤミな伝え方**(相手に察してもらおうとしてむしろ傷つける)しかないと思っているのではないでしょうか。

しかし、**④ツタワル伝え方があるのです。それがアサーションです。**

具体的にはこんな感じです。

〈アサーションの例〉エアコンの温度設定

一緒の部屋にいて、平本は暑い。前野は快適。

①ガマンの伝え方⬆傷つけないが、伝わらない。

前野「快適ですね」

平本「そうですね……」（考え込むような表情とトーン）

②セメル伝え方⬆伝わるが、傷つける。

前野「快適ですね」

平本「そんなことないですよ。こんなに暑いのにおかしいんじゃないですか？　冷房かけないと気が狂いそうですよ」

③イヤミな伝え方⬆遠回しに伝えたつもりで、傷つける。非常に不愉快な気持ちにさせる。

前野「快適ですね」

平本「そうですか？　他の人はどうですかね？　みなさんは暑いと思いますけどね」

④ツタワル伝え方⬆傷つけないで、伝えられる。

前野「快適ですね」
平本「前野さんは、快適なんですね。……じつは、私は暑いんですよ。もしよかったら、温度調整を相談できませんか？　暑いのが苦手でして」

では、どのようにすれば、職場や会議、商談、家庭などでツタワル伝え方ができるようになるのでしょう。おおまかな流れは次のようなものです。

〈アサーションのステップ〉

ステップ0＝信頼関係

円滑なコミュニケーションの基本となるのは、お互いの信頼関係です。日常のさりげないコミュニケーションを重ねることで、信頼感を高めることができます。改まった場ではなく、たとえば通りすがりのような、何気ないタイミングで声をかけるのがポイントです。

●通りすがり承認

「あ！　○○良かったよ」（相手を承認する言葉をかけるもの）

●通りすがり感謝

「あ！　○○してくれてありがとう」

●通りすがり貢献

「あ！　○○さんが『ありがとう』と言っていたよ」

いずれの場合も、上から目線にならないように注意してください。少々難しいかもしれませんが、相手の目線での「**私メッセージ**」（「順調にステップアップしているね。私も刺激を受けているよ」のように、相手にとって良いことをこちらの気持ちとして伝える）にするのがベストです。「勇気づけのメッセージ一覧」（２３２ページ参照）が参考になるはずです。

ステップ1＝「私メッセージ」（私はこう感じる）で伝える

改めて伝えるべきことができたときは、「私メッセージ」で伝えます。

順序としては、事実、私の気持ちとリクエスト、理由の順です。

1　事実を伝える

相手も知っている具体的な出来事のみにする。

2　私の気持ち（私はこう感じる）とリクエスト（要望、要求）を伝える

相手をコントロールしようとしないのがポイント。

3　理由を伝える

自分の気持ちやリクエストをする理由を話す。

ステップ2＝相手の気持ちを聞く

「あなたはどう思う?」と対等な立ち位置で、こちらのメッセージを聞いた感想を主観主義で共感しながら聞く。

ステップ3＝一緒に考える

どうするかを、一緒に考える。

たとえば、連絡もなく、夕食までに帰ってこなかった子どもにお母さんはどう伝えるのがいいかを考えてみましょう。

「今日は夕食の19時までに帰ってこなかったね」⬆事実
「お母さん心配したんだよ」⬆私の気持ち
「なぜなら、連絡がなかったから」⬆理由
「どう思う？」「ごめんなさい。遊んでたら忘れちゃって」「そうなんだ」⬆相手の気持ちを聞く
「明日からはどうする？」「ちゃんと連絡する」「ありがとう」⬆一緒に考える

以上がアサーションの基本です。

【解説】アサーションをもっと広げたい

前野　アサーションは看護や介護の現場でよく使われているものですね。
平本　そうですね。アドラー以外の心理学の臨床でもよく使います。
前野　これは一般教養にしてもいいと思うんです。みんなが学ぶべきじゃないですか？
平本　まったく同感です。そして、じつは「アサーション」だけを学んだり練習しても上手くいかない、というのが、私がこれまで9万人以上にトレーニングしてきた本音です。「どう伝え

るか」以前に「相手との関係性」でつまずいている人が多いのです。

前野　世の中には「言いたいのに、言えないこと」が溢れていると思うんです。上司に言えない、親に言えない、パートナーに言えない。逆に、アグレッシブに強気に主張する人にみんなが振り回されることもある。これは伝えるスキルがないという問題もあるにせよ、それ以前に、信頼関係とか、これまで話してきた勇気づけのコミュニケーションが足りていないからということですか?

平本　そうなんです。いきなり「アサーション」の技法だけを学んでも、うまくいきません。今回は「ステップ0」として簡単に触れましたが、信頼関係や勇気づけのコミュニケーションがないままアサーションで伝えようとしても、結局伝わらずに、ガマンやイヤミ、セメル言い方に戻ってしまう。一方で、「日常生活で勇気づけをどんどんやってみよう!」と信頼関係重視の姿勢でまわりの人と関わっていると、自分の要望を伝えるべきタイミングでも、アサーション的な言い方に自然と変化しているのです。

前野　そうなんですね。共同体感覚が引き出され、勇気が湧いている状態で、相手の立場も考える余裕が持てるようになるから、自然と「適切な伝え方」(=アサーション)になっていくということでしょうか。ここでも技法と理論、哲学の関連について、理解が深まりました。

終章　〈対談〉アドラー心理学の実践とこれからの幸せな組織

アドラー心理学を日常生活で実践できるようになるには

アドラー心理学は実践できる、成果も超高速で出る

前野　アドラー心理学についてはある程度理解していたつもりだったのですが、今回の対談を通じて、改めて整理することができました。理解もずっと進んだ気がします。思想や哲学、基本原理はすごく納得がいきますし、僕のやってきた研究とも非常に近い。これまでいろいろな人に「幸福学とアドラー心理学は似ていますね」と言われてきたこともすごく腑《ふ》に落ちました。幸福学をシステム論に応用する研究もしているのですが、そのイメージがまさにアドラーの全体論と同じだったことにも驚きました。そのうえで思うのは、アドラー心理学の実践についてです。これは、どこまで職場や日常生活で使えるのでしょう？

平本　よく「アドラー心理学は、理論としては非常に良いと思うけれど、職場や現場で実際に使うのは難しいし、成果にはつながらないでしょう」と言われるのですが、私はまったく逆だと思っています。**アドラー心理学は、超短時間でサクサク成果を出せる工学**です。組織開発に

使えば、上から指示命令するトップダウン型よりも早く成果が出ます。

前野　今回、その実例をたくさん挙げていただきましたが、個人的には「shiawase シンポジウム」というウェルビーイングについて考えるシンポジウムの実行委員会を思い出します。毎月の実行委員会のたびに、平本さんにファシリテーターをしていただき、その真価を垣間見《かいまみ》ました。ほんの数時間という限られた時間の中で、数十人の実行委員全員の意見を聞き、まとめ、最後に全員がその内容に合意することができてしまう。まるでマジックみたいで、すごい「技」だと感動したんです。あのファシリテーションもアドラー心理学に立脚していたんですか？

平本　もちろん立脚しています。全員の意見を聞くのは時間がかかるし、まとまらないと思われがちですが、**人間には必ず共同体感覚が備わっていますから、そこを高めるようにファシリテートできれば、むしろ速い。**ですから、モノの見方はみんな違うという前提（**創造的自己**）に立って「このシンポジウムでどうしたいですか？」と**目的論**でみなさんの意見を聞き、**主観主義**で寄り添い、共感し、「こんな意見でも役に立ちますか」「役に立つんですよ」と**自己受容、貢献感**が上がるように促していったんです。全員がその過程にずっと関わっていますから、モチベーションも上がり、参加者全体を１つの共同体とした目線で考えられる。そうなると、超高速で合意ができるんです。

前野　なるほど。こうやって解説していただくと、まさにこの本のとおりに関わっていたことがわかりますね。あのときは、とにかく速さに驚愕《きょうがく》しました。あの実行委員のほとんどはアドラー心理学を知らなかったはずです。けれどもアドラー心理学を基礎とした平本式のファシリテーションがあったことで、全員の共同体感覚が引き出され、お互いにアドラー的に関わることができていて、納得して合意に至りました。

平本　そうですね。もし1人でも「どうせ俺の意見なんか」とか「自分は役に立たないから」と思っていたら、雰囲気は一気に崩れます。ですから「今日ここに来たあなたはどうしたいんですか?」と全員の意見を聞くのが大前提で、人と違う意見こそがウェルカムだという姿勢で関わることが大切なんです。そして、だからこそ速くできる。

実践すると、アドラー的に人と関わる「筋肉」がついてくる

前野　そうなると、ますます、使いこなせるまで知りたいという気がしてきます。アドラーの目的論をはじめとする5つの理論、そして勇気づけのような技法をある程度使いこなせるようになるには、どのくらいの期間がかかるものなのでしょう。何年も修業する必要がある?

平本　平本式の現場変革リーダー養成コースでは3カ月で基本的なことがマスターできて、かなり使いこなせるようになります。ステップバイステップで身につくんです。宣伝するわけではありませんよ(笑)。

前野　3カ月で哲学、理論から技法、そして応用方法まで身につけられるのですか？

平本　このコースは抽象論はあと回しで、実践からスタートするんです。「今、困っていることとは何ですか？」という超具体的なところから入る。たとえば「部下が言うことを聞かない」ならば、「そうなんですね！　それは困りましたね」と詳しい状況と「どうしたいのか」を相手に寄り添って聞き、「では部下の方の立場に立ってみましょうか」と続けます。その内容を各自、職場や家庭で実践していただき、翌週はその結果を話していただきながら、さらに深めていく。こうしてアドラー心理学が現場で本当に機能することを実感すると、どこかで必ずパッと人との関わり方が変わるんです。**アドラー的なコミュニケーションの「筋肉」がつく**ようなイメージで、そうなれば他の問題との向き合い方もどんどんと一気に変わっていく。

前野　ああ、なんとなくわかる気がします。

平本　80対20の法則ではありませんが、生活全体の約2割について具体的にポイントを押さえ、新しいアクションを練習すると、全体にも応用できるようになる。もっと簡単に言えば、自転車に乗れるようになれば、自転車に似た乗り物にも乗れるようなイメージです。

前野　その点も、実証主義的な現代心理学とはまったく違うアドラー心理学の面白さですね。現代の心理学が陥りがちな、部分に着目しすぎることに対するアンチテーゼだとも感じます。

平本　実際、哲学や理論から入ると、概念として大きすぎるという弊害はあります。

前野　なるほど。現代人は分析的に部分を見ることに慣れているからかもしれませんね。基本原理が哲学になっていて、５つの理論も常識的なリアクションとは違いますから、面食らう部分もあるでしょうね。僕自身は、原理からお聞きしたことが「そう考えるのか！」という驚きにつながってすごく面白かったけれど、全部を体系として使いこなせる感じはまだしていません。でも、今のお話のとおりなら、このやり方を実践して、そういう筋肉がついてくれれば、従来型の要素還元論じゃなくて全体論で捉えたり、自分とまるで違う考えの人に「そうなんですね」と共感しながら目的論で関わったりできるようになるんですね。

平本　そうです。面白いのが、超トップダウン型の原因論によるダメ出しタイプの経営者のほうが、実践して一度納得されると、一気に目的論型になるんですよ。

前野　ほお。

平本　「こっちのほうが早く成果が出るじゃないか」とわかれば、一気に変わる。ある意味、アドラー中毒みたいになるんです(笑)。上から命令するのが当たり前だったトップが、突然「君はどうしたい？」とヨコの関係で寄り添うようになると、会社も一変します。

前野　なるほど。中途半端にいろいろな組織開発に手を出すよりも、パンと反転すればいいだけだから、じつは変化も早いのかもしれませんね。

学級崩壊のクラスにアドラー心理学を使ったら……

前野　その「使いこなせる」「筋肉がつく」というのが具体的にどんな感じなのか。それと、その周囲に及ぼす影響について、もう少し教えていただけますか。

平本　実際にうちで学ばれた方の例でお話ししましょう。現場変革リーダー養成コースに来られた小学校の先生です。毎年、学級崩壊のクラスを担任して立て直すのが仕事というような実力のある先生でした。そのときも、受け持った5年生のクラスが学級崩壊のようになっていた。授業が始まっても、教科書を開いていない生徒が何人もいる。休み時間のたびに殴り合いのケンカが起きる。「教科書を開いて」と言っても「はあ?」と反抗するか、もしくは無反応です。本来は優しい先生なのですが、最初が肝心だと考えて「教科書を開きなさい!」と相当に厳しくするのがそれまでの常套手段だったそうです。

前野　最初にマウンティングというか、先生の管理下に置いてしまうような感じでしょうか。

平本　そうですね。アドラーは叱るのも褒めるのも勧めていません。基本はヨコの関係です。その先生は、その年に初めての試みとして、教科書を開かない子にも「教科書を開いてもらえますか?」と丁寧に頼んでみたそうです。「開けないワケがあったら教えてくれる?」「別に」とか言いつつ、呆気にとられた様子でボス的な子が開いてくれたそうです。そして、開いてくれたら「ありがとう」と言う。上から目線で来られれば子どもは反発したくなりますし、下手に出れば舐められます。でも、大人との会話のように冷静に丁寧に対応されると、教科書を開かない理由はないので、自分も大人として応答し、開くしかありません（１７４ページ「子どもの不適切な行動への対処法」参照）。

前野　ああ、なるほど。

平本　これを手始めにいろいろトライされたそうですが、この先生がもともとやっていたことで参考になることがあるのでご紹介します。それは「先生が本気で怒ること」を、前もって明確に伝えることです。その1つめは他の人に暴力を振るったりバカにしたとき、2つめはできることを3回言われてもやらなかったとき、といった感じで、先に伝えておく。そしてその理由も説明します。「人を傷つけるのはひどいことだし、できることをやらないのは自分の可能性を傷つけることだから、先生は本当に嫌だと感じるので、そのときは怒ります。いいですね」と。その後、他の子をバカにした生徒を「何やってるの！」とキツく叱ったのですが、その先生はそのときに備えて、鏡の前で本気で怒る練習をしておいたそうです。

前野　つまり、**怒る内容と理由を明確にしておくことで、叱っても生徒の勇気をくじかない**ようにした？

平本　そうです。つまり、叱らないのがアドラーではない。叱る理由、褒める理由を明確にし、その行動指針に基づいて動けば、叱られた本人にもすぐに理由がわかって、納得できる。こんなふうに勇気づけにつなげていくのがアドラーなんです。

他にもいろいろやった中に、たとえば「どんなクラスにしたい？」というテーマの学級会があります。先生はあくまでもファシリテーターに徹し、クラス全員で話し合って決めてもらったら、「令和のスーパーヒーロー」みたいな案になった(笑)。

前野　ははは(笑)。

平本　そこで「スーパーヒーローのクラスにするために、みんなは何ができる？」と全員の貢献感を促すと、「他のクラスの傘を畳みにいく」「元気のなさそうな先生がいたら、元気よく『おはようございます』と言って元気づけよう」「障害のある子が普通に過ごせるようにみんなでさりげなく協力しよう」なんて調子でどんどん案が出て、みんなが自主的に実行するようになった。

前野　いいですねえ。自分たちで決めて、お互いに貢献し合っているから、やらされている感覚もないでしょうね。

理論は教えなくても、アドラー的に関わることで伝わっていく

平本　クラスが協力的になってきたら、今度は先生が**わざと原因論のダメ出し側＝鬼になる**ということもしてみたそうです。一例を挙げると、お昼の時間が終わってもまだ話をしながら給

食を食べている生徒がいた、そこでバン！と机を叩いて「授業が始まるのに、どうしてまだ食べてるの！」と怒ってみせる。

前野　どうなるんですか？

平本　このときはクラス全体に共同体感覚が浸透していたので「先生、待ってください。みんなで解決しますから5分ください」と、自分たちで話し合いを始めたそうです。黒板を使って、何が問題なのか、どうすれば全員時間どおりに食べ終われるかを書き出していき、「○○な人はおしゃべりを控えたほうがいい」「配膳は、みんなで協力して早くしよう」などの意見をまとめて、「先生、こういう案が出ました。次回からはちゃんとできると思います」と報告してきた。つまり、先生がわざと敵対する側になっても、生徒が自主的に「どうしたら良いクラスになるか」を話し合いで決められるようになったんです。

前野　すごい。それは高度なテクニックですね。

平本　もっとすごいのはここからです。その後、中学に進学した元教え子に会う機会があって「中学校はどう？」と聞いたら「担任の先生はちょっとやる気がなさそうでイマイチだけど、クラスを良くするのは僕たちですからね」と言われたそうですよ(笑)。

前野　中学生でそこまで行けるんですね。「先生がイマイチで期待できない」ということも自然に受け入れて、自分のこととして考えられるとは……人間って、すごい。

平本　はい。クラスの問題を、自分たちのことだと普通に思えるようになっていた。その先生は、もともと勉強熱心で、アドラー心理学の書籍などを読んでいたそうですが、具体的な技術を3カ月学ぶことで、実践力に磨きがかかりました。

前野　そして、その先生が教室でアドラー心理学を実践したことで、子どもたちにも共同体感覚の基本が伝わった？

平本　そうですね。ただ、生徒たちにアドラーの考え方や理論を直接教えたわけではありません。正確に言えば、**先生はアドラー心理学をベースにした技術で、生徒たちに関わった。その関わりの中で、生徒たちの共同体感覚が高まった**ということだと思います。

前野　ああ、なるほど。たとえば10人中、アドラー的に振る舞える人が1人いたとして、その人の関わり方、あり方は、残る9人にどの程度伝わるんでしょうか？

平本　その先生の例をもう1つ挙げてみましょうか。最初のころ、そのクラスにはとくにやんちゃな、いわゆるガキ大将的な生徒がいました。あるとき理科の実験室で授業があったんですが、戻ってきたとき、その生徒がひどく怒っていたそうです。「あいつマジむかつくよな」みたいにずっとグチっていて、他の生徒も「うん」「そうだね」と同意している。理科の授業は別の先生が担当しているので、担任の先生には事情がわかりません。「どうしたの？」と聞くと「理科の〇〇、マジでむかつくんだよ」「何があったの？」「ちゃんと聞いてたのに『聞いてなかっただろう』って決めつけるんだよ」。するとクラスのほぼ全員が「そうそう」みたいに彼の意見に同意し始めた。普通の先生なら、ここでどちらかの肩を持つか、相手に寄り添って聞くという対応をするでしょう。だけど、その先生は「ここで何が起こったか現場検証してみましょう」と言ったんです。

前野　ほお。

平本　**現場検証というのは、起こったことをエピソードから見える化する技法**です。アドラー心理学では、「**早期回想**」と言って、過去のエピソードを再現して、治療に使うことがよくあるのですが、ここでは、**アドラー心理学の「相手の立場に立つ」という主観主義に基づいた目的論を実践する**ために取り入れています。このときはその場に関わっていたクラス全員でおこないました。「何があったか教えて」と、理科室と同じように机を並べて「みんながそのときにやっていたことをしてみて」と言ったんです。「俺はただ足に巻いてる包帯を結んでただけなんだよ。なのに理科の◯◯が『聞いてないだろう』って言ってきたんだよ」「それをやってみて」で、実際に包帯を結んでいたシーンを再現してもらいました。「ありがとう。じゃあ、その役を△△くんに代わってもらって。先生はどっちにいた？」「こっち側を歩いてた」「じゃあ君は先生の役で、自分のことを見てみて。どう見える？」。

実際にやってもらった瞬間、彼の表情はハッと変わったそうです。「よそ見して、全然聞いてないみたいに見える！」「そうなんだ」「うん。俺は聞いてたんだけど、先生からは聞いてないように見えたんだ」と、さっきまで「むかつく」を連発してた本人が、素直にこう言ったそうです。

先生はそこから「どう思った？」「これは○○先生もむかつくかも」「そうだね。せっかく実験の準備をしたのに、いきなり聞いてもらえなかったら怒っちゃうかもね。どうしたい？」「謝りにいく」「どうやって謝る？」そこからクラスのみんなで、どのタイミングで何をどう謝るか決めてもらい、全員で「先生ごめんなさい」と謝罪にいったんです。

前野　実例で聞くと、感動しますね。

平本　つまり、先生に上から目線で怒られてやるのではなく、コミュニケーションの見える化（現場検証）という技法を使って、生徒たちが自分で確認し、納得したうえで、解決できるように促したというわけです。こういう**アドラー的な関わり方を続けていくと、あっという間に、先生なしでも自分たちで見える化をするようになります。**たとえばクラスでもめ事が発生すると、自然にみんなで「○○君はこう言った」「△△君にはこう聞こえた」「□□さんからも同じように聞こえた」と黒板やノートに、配置図やセリフを書き出しながら、現場検証をするようになったそうです。「○○君のこの言葉が間違って聞こえたから怒ったんじゃないかな」「ああ、そうか。それならわかる」「じゃあ、どうする？」という具合に自分たちだけで協力して解決する習慣がついていく。

ですから、理論を教えるというよりは、こうした実践の繰り返しを通して、相手の立場に立つ(主観主義)や目的論が身についていくという感じです。

前野　なるほど。理論から入るアプローチはむしろ時間がかかってしまうのでしょうか?

平本　どうなんでしょう。私の実感としては、体験のヒダがないまま理論を言っても、結局はその人なりの解釈になってしまい、行動パターンは大きく変わらない気がします。先に体験をしたあとで理論を説明すると、総合的な学習が進み、定着しやすいと思います。

前野　この本も読んで終わりではなく、本当は体験を挟んだほうがいいですね。僕も今は理解が深まった実感があってうれしいんです。でもガツンと体験したら、もっと一気に理解が進むに違いない。読者の方は、それぞれのページで立ち止まって、ロールプレイをしてみたり、実際に現場で使ってみたりするのがお勧めですね。

平本　たしかにおっしゃるとおりだと思います。とはいえ、今回の対話を通じて紹介できたアドラーの哲学や基礎、目的論の関わり方を知るだけで、開眼したり、人生が大きく好転するという方もたくさんいらっしゃるはずです。この本を通して、救われる人がたくさんいらっしゃるはずだと私は信じたい。

前野　そうですね。楽しみな本になりましたね。

平本　あと、コーチやカウンセラー、学校の先生などの実際に現場で活躍されている方が「自分が実践してきたことの理論的背景がアドラー心理学にはあるんだ」と、理解を深めたり、他の人に伝える際の参考にもなると思っています。

前野　僕がまさにそうですね。幸せ研究の専門家として自分なりに積み上げてきたものを、今回、アドラーという違う視点から見ることで、改めて整理できました。勇気づけやリフレームといった技法も「僕も似たことをやっているな」と思う点が多々あったんですけど、非常に整理されていることに驚きました。おかげで多くの気づきがありました。僕もこれからばりばり使っていきますよ。

ティール組織、アドラー心理学、幸福学から見る「これからの組織」

ティール組織を実現するメソッドとしてのアドラー

前野　もう1つお伺いしたいのは、**ティール組織**についてです。アドラー心理学について知れば知るほど、最近流行りのティール組織という概念に非常に近いと感じます。

平本　そうですね。私としては、ティール組織を計画的、戦略的に実践する具体的技法がアドラー心理学にはあると考えています。

前野　本当にそういう感じがしますね。かつては合理的と言われた**オレンジ組織**のような古い組織論は、アドラー理論の対極に位置する原因論、客観主義、要素還元論が生み出したものだと思います。そこからティール組織に進化するためのブレイクスルーの1つが全体性だとされているのもアドラーと一致します。

平本　先ほどもお話ししましたが「**ビジネスにアドラー心理学を取り入れると業績は上がる**」と私が言うのは、これが再現性のある体系的なティール組織のつくり方だからなんです。1人1人が主人公で、どうしたいのか（目的論）を明確にし、それぞれのモノの見方を尊重して、自主的に貢献しようとするチームは、当然、トップダウン型より生産性は高くなる。

前野　幸福学で言う「幸せな会社」とも近いですね。日本にもそういう企業があります。組織にヒエラルキー（ピラミッド型の階層）をつくるレッド組織やオレンジ組織とは違い、**ティール組織はヨコの関係で、社員1人1人が自然林のように立っている。**現代の経営論はやっとアドラーに追いついてきたとさえ言えそうです。

平本　同感です。先ほど話に出た「shiawase シンポジウム」実行委員会のときのようなファシリテーションが私にできるのは、**ティール的な場をつくるための超細かいステップバイステップの技法は、アドラー心理学をベースにするとやりやすい**からなんです。アドラー的なアプローチで集団と関わるだけでも、ティール型になりやすいと私は考えています。そもそも共同体感覚というのは、ティール組織に近い発想ですよね。

前野 その感じはよくわかります。ティール組織という概念もなかった時代に、アドラーは全体として調和的になるための方法を完成させていたんですね。

ティール組織におけるリーダーは「冷蔵庫にある素材でできる最高の料理」を考える

平本 ティール組織をつくろうとして、上手くいかないケースが多々ありますよね。極端に言えば「上下関係をなくして、自由にやってもらえば、ティール型になる」わけではありません。ティール型になるには、メンバー1人1人が「自分がこのチームを動かしているんだ」という意識が大事だし、ダメなところを指摘するのではなく「私はこうしたいんだけど、君はどうしたい？」という、それぞれの「どうしたい」にみんなが意識を向けることも欠かせません。つまり、創造的自己で、ダメ出しではなく目標に意識がいく目的論でもあり、未来志向の全体論であり、「そういう考えもあるんだ。それをどうやったら活かせるかな」という主観主義でもあり、絶対不要な人間はいないという対人関係論でもあるんです。

前野 そう考えれば、ティール組織はまさにアドラー心理学そのものですね。

平本 平本式で学ばれた、ある30代の男性がマネジメントを料理にたとえていたんです。従来は「カレーをつくりたい」というのが前提にあって、ニンジンさん、じゃがいもさん、タマネギ君に声をかけ、役割を振り分けていた。でもキュウリ君は「君は使えないから、変わらないとダメだ」と言われてしまう。つまり、つくりたいチームや目標に合わせて、部下を変えさせようとしてきたと言うんです。

前野　面白いたとえですね。

平本　それがアドラー心理学を学んだことで「冷蔵庫の中にある素材で、どんな料理をつくったら美味しいかな」と発想するようになったとおっしゃってくださった。キュウリ君も含め、目の前にある素材を最大限活かせる料理は何だろう、という発想をするようになったそうです。ティール組織におけるリーダーは、まさにこのイメージだなと思いました。「こういう組織にしたい」と決めた目標ありきではなく、**1人1人を主人公として「どんな料理になるかな」と発想するリーダーシップ**がこれからは求められるのではないでしょうか。

前野　天外伺朗《てんげしろう》さんが「愚者を演出するファシリテーター型リーダーシップ」ということをおっしゃっているのと似ていますね。

瞑想とアドラー心理学の共通点

前野　ティール組織の考え方のルーツには、ロバート・キーガンの**成人発達理論**やケン・ウィルバーの**インテグラル理論**がありますね。これらの理論にもアドラー心理学と近いところがあるのでは？

平本　じつを言うと、私自身が10代のころからケン・ウィルバーのファンで、彼は、当時から禅に影響を受けた瞑想を実践していました。組織論を展開する前の彼はトランスパーソナル心理学の第一人者で、いわゆる「悟り」を研究していました。当時から、言っていることは共同体感覚に限りなく近かったと思います。臨床から入ったアドラーとアプローチはまるで違いますが、同じところに行き着いているように見えますね。

前野　なるほど。瞑想とアドラー心理学は親和性が高い？

平本　アメリカのアドラー学派ではほとんど言われていないんですが、日本にアドラーを導入した**野田俊作先生は当初から、瞑想とアドラー心理学の基礎要素をほぼ同義語のように捉えておられました。**瞑想を深めていくと、自分の思考、感情、身体に対して、気づきが得られます。さらには環境、他の人の立場からの視点、将来の子どもたちの視点という発想も、理屈でなく、体感レベルで感じられる。ケン・ウィルバーもかなり熱心に禅の修行をして、瞑想にも打ち込んでこられた方ですから、瞑想的な要素がアドラーの共同体感覚、そしてティール組織に通じているように思われるのは、私には非常に納得がいきます。

とはいえ、アドラー自身が瞑想をしていた形跡はありません。でも、野田先生は、限りなくそれと近い感覚を持っていただろうと、おっしゃっています。

前野 なるほど。僕も成人発達理論やインテグラル理論を研究している加藤洋平さんから「ケン・ウィルバーは禅に加えて、原始仏教、老荘思想にも興味を持っていた」とお聞きしたことがあります。東洋思想をかなり深く学んでいるからか、彼の理論が究極的に目指すところは、悟りと同じもののようにも読めるんですよね。アドラーにも東洋思想的なアプローチがある。時代も違うし、やり方も違うけれど、西洋型のロジカルに全体を分解していく考えと、瞑想に代表されるように心も含めた全体の統一に向かう東洋的な考え方の両サイドから、世界が描かれつつある感覚があります。

平本 たしかに、アメリカに行くと東洋的な全体論が注目されているけれど、日本ではきちんと分解して実証的に研究することがもてはやされているんですよね。

前野 逆が見えるという感じで、面白いですよね。

アドラーと幸福学が描く未来像

誰でも共同体感覚は育てられるし、幸せになれる

前野　最後に、改めてもう一度質問させてください。こうして平本さんと話をしていけば、目的論が良いことは納得できる。原因論はやめて、アドラー的に人と関わりたいと思えます。でも、やり方は理解しても、多くの人がそうなれていません。僕自身、また忘れるような気もしています。私たちはなぜ共同体感覚が足りなくなるんでしょう？

平本　私は、**具体的なエピソード場面に落とし込めていないのが大きい**と考えています。

先ほどの小学校の先生の例で、現場検証という技法の話をしましたよね。問題の発生した状況を再現して、相手の立場になってみたボス的な男の子が「あ！」と気づいた瞬間。あれが、大切だと思うんです。具体的なシーンの中で、自分がやっていること、相手の考えていることを感じ取る。これができれば、人に説得されることもなく「ああ、たしかに聞いていないように見える。だから先生は怒ったんだ」と納得して、怒りは収まり、自分から相手に歩み寄ること

ができます。こうした経験の積み重ねがあれば、自然に共同体感覚は高まっていきます。この経験の少なさが、共同体感覚が持てない理由ではないでしょうか。

前野　共同体感覚はあるけれど、経験の積み重ねが足りないだけということですか？

平本　はい。**単なる練習不足**だと考えています。ほとんどの日本人が日本語を操れるように、練習さえすれば誰でもできると思っています。

前野　おお。じつはちょっと前まで、僕は少々悲観的になっていたんです。大まかに言えば、人類は農耕を始めて以来、約1万年間、原因論と要素還元論で成長を追求してきました。「これではいけない。幸せから遠ざかってしまうぞ」と現時点で多くの人が気づき始めたけれど、もう今さら戻ることは難しいのかもしれないなと思っていたんです。

平本　たしかに、共同体感覚を感じ取れない人は多いと思います。最近、私が感じるのは、**他人の目をすごく気にしているのに人の気持ちや立場に立てない人が多くなっている**のではないか、ということです。人の目を気にしながらも実際にとっている行動が自己チューになってしまい、自分も相手も傷ついている。二重に大変な状況になっている人が少なくない気がしています。

前野　ガマンを押しつけがちな現代の子育てや教育に原因がありそうですね。

平本　そうですね。それでも私が希望を持てるのは、たった3カ月アドラーを学んだだけで、多くの方が見違えるくらい変わるのを目の当たりにしてきたからです。誰でも相手の立場に立ち、なおかつ、自分も主張できるようになる。だから、**人間にはやはり共同体感覚が備わっているし、それを育てれば、誰もが大きく変われる**可能性があると感じるんです。

前野　「経験不足に過ぎないから育てればいい」というのは希望のある言葉ですね。でも、最近は僕もそう思い始めています。

平本　前野先生も幸福学を研究なさったことで、幸せになったのではないですか?

前野　間違いなくそうですね。現代の心理学に基づいて、**どうすればウェルビーイングな状態になるかを研究していたら、いつの間にか自分が幸せになっていた**というのが偽らざる実感です。僕の講座で学んだ人もどんどん幸せそうになっています。一見、アドラーとは異なるアプローチですが、自然と相手の気持ちに立って、他人を思いやれる感じに育っていると思います。そういう意味では同じところに向かっているんですね。

平本　私からすると、科学者、教育者というお立場以上に、ありのままの自分を受け入れている前野隆司さんという人物の存在(being)が、周囲を自然にリラックスさせているようにいつも感じられます。

前野　ありがとうございます。

地球全体を共同体だと発想する時代

平本　これからの時代のビジネスは社会事業とイコールでないと成り立たないと思うんです。

前野　いいですね。

平本　たとえば「排ガスをガンガン垂れ流すけれどすごく儲かる」なんていうビジネスモデルには、もう誰も賛同しません。もし実行して目先は儲かっても、賛同がないから続かない。サステナブルではない。この「**ビジネス＝社会貢献**」という世界に向かって、これから一気に加速するはずだと思っています。他の誰かがやってくれるのかもしれませんが、私も希望を持ってがんばるつもりです。

前野　今は、その方向に向かって、みんながそれぞれの持ち場でできることをやっている感じですね。地球環境、心の幸せ、みんなが助け合うことが大事と、我々は今こうやって話していますが、10年ぐらい前までは「非現実的でうさんくさい」なんて言われることも少なくありませんでした。でも今は結構いろんな人に聞いてもらえるようになっている。

平本　そうですね。

前野　聞いてくれる人が10年前は全体の1％だったのが、10％くらいまで増えているとすると、あと数年で50％になるかもしれない。過半数を取ればこっちのものですね(笑)。

平本　今は、イーロン・マスクという世界で1番めか2番めに資産を持っている実業家が明確に「すべての事業の前提はクリーンエネルギーだ」という価値観を打ち出すような時代です。ほんの少し前まで「これからはクリーンエネルギーだ」なんて経営者が口にしたら「事業は回らないぞ」と言われたでしょう。20年前なら「そんなのは理想に過ぎない。現実はそんなに甘くない」とあきれられたかもしれません。

前野　そうでしたね。

平本　でも、今や、世界一資産を保有している人が「クリーンエネルギーだ」と旗を掲げて、賛否両論ある中でも、新規参入が無理と言われていた業界で、現実に事業を次々と成功させている。「これは負けてはいられない」とクリーンエネルギー競争が起こり始めている。これはすごくわかりやすい実例で、非常に期待しているんですよ。

前野　そうですね。地球温暖化の問題だけでも、クリーンエネルギーへの転換は待ったなしのところまで来ている。それはもう明らかなのに、アメリカや中国、日本といった大国はずっと本格的に取り組むことができませんでした。だから「人類は終わりなのかもしれないな」と内心思っていた時期があるんです。ところがここへ来て一気に、各国が本気を出す方向にカジを切った。産業界もそちらに向かって走り出した。

平本　そうですよね。

前野　少し前までは、環境破壊はもうギリギリアウトだと思っていたんです。なかなか変われないでいるうちに、人類は滅ぶことになるんじゃないかと悲観的になっていた。でも人類も捨てたものじゃなくて、遅ればせながら、みんなが本気になってきた。今でもギリギリには違いありませんが、ギリギリセーフになるだろうと思うようになりました。これからちゃんと加速すれば間に合いますね。

平本　アドラーの共同体感覚で言う「共同体」に生態系全体を含めるヨーロッパ学派にも私が賛成なのは、そうした感覚がこれからは大切だと思うからなんです。

前野　生態系というすべての生物とそれを取り巻く環境の中で、それぞれが過去から未来までずっと一生懸命がんばっている。そのメカニズムの中に人類もいるということですね。

平本　はい。パーソナルな意識では身近な人に寄り添いながら、俯瞰目線では地球全体、そして生態系全体にも寄り添っていく。**パーソナルな意識とそれを俯瞰する意識、その両方の意識を持つことが大事**だと私は思います。

前野　同感です。アドラーの言う「他人の気持ちに立つ想像力」をミクロからマクロまで、過去から未来までのあらゆる段階で、発揮できるようにしていく。そうすると、自然に地球全体が共同体だという感覚になりますね。いやあ、壮大な話になりました。アドラー先生も喜んでくれているといいですね。

あとがき

いったい、何が幸せ？


お金持ちになったら、幸せ？

頭がよかったら、幸せ？

地位や名誉を手に入れたら、幸せ？

健康なら、幸せ？


「科学的で体系的でどんな人にも当てはまる、幸せになる技術を手にしたい！」が、小5からの夢。私は、「いったい、何が幸せ？」ということを子ども時代から問い続けてきました。

「どうしたら幸せになれるだろう？」

中1から新聞配達、中3からウエイター。多種多様なアルバイトをしながら、社会や周囲の大人たちを見ては、その問いへの答えを探していました。

高級レストランに来ていた、見るからに裕福そうな人たちは、お金をたくさん持っていても、偉そうに虚勢を張ったりイライラしたりしていて不幸そうでした。健康であっても、夫婦喧嘩や親子喧嘩が絶えない人たちも不幸そう。勉強ができて、いい大学を出ていても、頭でっかちでブツブツ批判を言うばかりで不幸そうな人もいました。地位や名誉があっても、威張り散らしたり、自分の立場を守ることばかりに躍起になっている人は、幸せそうには見えません。

近所に住んでいるおじさんは雨が降ると、「こんな雨の日に、仕事せなあかんの気分悪いわー」と文句を言っていました。でも翌日、晴れたら晴れたで、「こんな晴れた日に、仕事せなあかんの気分悪いわー」と愚痴をこぼします。

結局、雨が不幸の原因ではなく、そのおじさんは、雨でも晴れでも、どんなときでも、何を見ても、文句ばかり言う人だったのです。

一方、彼とは正反対のおばちゃんもいました。晴れている日には「爽やかなお天気で、気分ええわ〜」、雨の日には「雨でしっとりしてて、気分ええわ〜」と、晴れようが雨が降ろうが、いつでも笑顔で過ごす姿が心に残りました。

「結局、外で何が起こっているのかが重要ではなく、外で起こっていることを自分がどう捉えて、どう解釈しているかによって、幸せなのか不幸なのかが決まるのかもしれない。それを学びたい」という一心で心理学を志しました。

当時通っていた高校は、大学に進学する生徒が3年に1人いればいいほうで、「大学に行きたい」と話すと、友だちからはバカにされ、親からも反対されました。偏差値が37だった私は大学受験から、ほど遠い環境でのチャレンジでした。

どうしても、大学に進んで心理学を学びたかったので、3浪の末、大学の心理学部に入学。学校の授業だけでは好奇心を満たすことができなかったので、ありとあらゆるセミナーやワークショップに参加しながら20代を過ごしました。

そこで日本のアドラー心理学の先駆者、野田俊作先生に出会い、「このアドラー心理学を絶対にマスターする」と心に決めたのです。

時を経て、1995年1月17日、阪神・淡路大震災で両親が倒壊した家屋の下敷きになって亡くなり、東京での仕事をすべてストップし駆けつけました。

4カ月間、神戸の実家の後片づけに奮闘し、一段落がついたころ、それまでの30年を振り返って気づきました。決して不幸ではなかったにせよ、心の底から幸せな人生だと感じていたわけではなかったという自分の本心に向き合ったのです。当時の私は、東京大学大学院在学中に始めた高層ビルの窓拭きや専門学校の心理学講師、病院の非常勤カウンセラーの仕事を掛け持ちし、特に不満はなかったけれども、腹の底から幸せに生きているという実感もありませんでした。

そこで一念発起して決めたのがアメリカへの留学。日本ではなかなか本格的に学べないアドラー心理学を、アメリカのシカゴにある専門大学院で学ぶための渡米でした。

英語の読み書きはある程度できても、話す・聴くは、ほとんどできない状態のまま大学院へ留学。毎週のように、各科目の教科書で100ページほどある読書課題をこなし、クラス内でのディスカッションにもついていくのがやっとで、冬にはマイナス20度を下回る寒いシカゴは、正直に言えば、つらいこともたくさんありました。

極めつけは、600時間に及ぶ英語でのカウンセリング実習でした。カウンセリングには自信がありましたが、英語だと相手が言っている言葉が聞き取れないし、私が言っていることもうまく伝わらない。この状況で、はたして卒業できるのだろうかと心配になるほどでした。

ところが、この厳しい環境のおかげで、表情や姿勢、ジェスチャーなど、非言語的手段をフル活用してコミュニケーションをとる能力が飛躍的に高まりました。

その後は、クリニックでのカウンセラーにとどまらず、アフリカ系アメリカ人の小学校でスクールカウンセラーをしたり、州立刑務所で精神疾患を患って罪を犯した囚人を担当する心理カウンセラーとして実習を続けたりして、多種多様なバックグラウンドや考え方、価値観を持つ人にカウンセリングをさせてもらい、どんな相手だったとしても、本心を引き出し、心が通いあうコミュニケーションをするには、どうしたらいいのかについて探究し続けました。

1999年当時、アメリカで流行っていたコーチングも本格的に学びました。アメリカでも帰国後の日本でも、さまざまな立場や境遇の人にコーチングやカウンセリングをしてきた経験からわかったことは、人種が違っていても、言葉が違っていても、子どもでも大人でも、トップアスリートでも、優秀な経営者でも、虐げられた環境で人生を送ってきたような囚人たちでさえも、どんな人でも、アドラー心理学をベースにしたコーチングやカウンセリングは、現在から未来に向かって人間が幸せになるために効果があるということでした。

そして、「どんな人であっても、科学的で体系的に幸せになる技術を見つけたい」を原動力とし、それを支えに生きてきた私にとって、アドラー心理学は、肩書きや人種などの立場を超えて、人と人とが、ヨコの関係でつながれるコミュニケーションのベースになりました。

日本に帰国してから今年でちょうど20年になります。この20年の間に、トップアスリートや経営者へのマンツーマンのサポート、のべ約10万人に及ぶビジネスパーソンへのコーチング、カウンセリング、研修をしてきたことで、アドラー心理学をベースに体系化した技術が、どれだけパワフルかを再発見しました。そして同時に、日本の社会の空気感、「原因論」が蔓延しているコミュニケーションの負の側面に、問題意識を持つようになった20年でもありました。

日本は今、9割方が「原因論」によって、ものごとが動いていると感じます。「何が悪いのか」「誰が悪いのか」「どう悪いのか」「どうして悪いのか」……。社会も、政治も、会社も、家庭も、学校も、医療福祉も、どこが悪いのかを探しては責め合っています。自分が悪いところを指摘されないように、ビクビクおどおどしすぎてチャレンジできないのです。

さらに、相手から悪いところを指摘されないよう、その準備に躍起になります。また、他人を責めることによって、自分があげつらわれるのを無意識に避けようとしてしまっています。

たしかに戦後の高度成長期は、つくったらつくっただけ売れる、がんばったらがんばったぶんだけ成果が出る時代でした。ダメ出しする以上に、会社も業界も社会も豊かになる時代です。そんな状況下で、調子に乗りすぎてしまった人たちには、多少、厳しくダメ出しして、冷や水を浴びせるくらいでちょうどよかったのかもしれません。右肩上がりの時代は、多少、感情的に叱ってでも、活を入れるくらいのほうが、さらに大きな成果につながることも多々ありました。成果が上がり続ければ、叱られた側もそれほど気にはならないものです。

ところが、右肩上がりの時代は終わり、年功序列も崩壊しました。高度成長期以上にがんばったところで、成果は出ませんし、ただガムシャラに、努力・根性・ガッツだけでは乗り越えることができない時代になっています。それにもかかわらず、「ダメ出し」し合う原因論の風潮だけが残り、社会全体に悪影響を及ぼし続けています。

このような原因論で責め合う空気感は、「やってみよう」(自己実現と成長の因子)という主体性を削ぎ、「ありのままでいい」(独立と自分らしさの因子)とは逆に、人の目を過度に気にするため本来の自分のままで行動しづらくなり、「なんとかなる」(前向きと楽観の因子)とは思えなくさせてしまいます。責め合う空気感の中では、保身や言い訳が増え、人々は分断され、「ありがとう」(つながりと感謝の因子)の感覚は薄れていきます。幸せの4つの因子から見ても、この空気感が、幸福度をどんどん下げてしまっていることが容易に想像できます。

国連が毎年発表している「世界幸福度ランキング」で、2021年、日本は順位を前年より6つ上げたものの56位にとどまり、低迷しています。幅の広い項目による調査なので、一概には言えませんが、その調査項目の中でも、「寛容さ」に関する項目の点数が低いことがわかっています。まさしく、原因論で責め合う空気感の影響が、ここでも数字に現れていると言えます。

この本を最後まで読み進めてきてくださった読者の方たちに、「教育が悪い」「政治が悪い」「メディアが悪い」と原因論を流布している人たちが元凶だと言うつもりは一切ありません。それどころか、むしろ、みんな1人1人が良くしようと思えば思うほど、原因論に陥っているというのが現状なのです。さまざまな社会的背景や個々人の事情を考えれば、そうなってしまうこともよくわかります。では、どうしたらいいのでしょうか？

責め合うことをやめて、ただ褒め合えばいいのかというと、本文でも解説してきたように、決してそうではありません。

責めるのでもなく、褒めるのでもなく、1人1人が「本当はどうなったらいい？」を起点に考え、コミュニケーションがとれる世の中になったらいい、私はそう考えています。

「あなたの家庭、本当はどうなったらいい？」「あなたのチーム、本当はどうなったらいい？」「あなたの会社、本当はどうなったらいい？」「あなたの病院や施設、本当はどうなったらいい？」「あなたの学校、本当はどうなったらいい？」

1人1人から「本当はどうなったらいい？」を引き出し、そのうえで、みんなの「本当はどうなったらいい？」を、どうしたら実現することができるか、協力して考えるのです。

私の願いは、「目的論が日本の社会基盤になること」です。会社、病院、地域、学校、家庭はもちろん、政治や国までも、みんなで「本当はどうなったらいい？」の未来を描き、その未来に向けて、何ができるかを建設的に話し合える、そんな社会です。日本の現状が「9割が原因論」

だとしたら、せめて「6割は目的論」を目指し、過半数を超える人たちが、「本当はどうなったらいい？」に意識を向け、お互いに認め合い、その実現のためにチャレンジしていく世の中になったらどうでしょう。そんな光景が日本中に広がったら、日本は、もっと生きやすい、幸せな国になっていけるのではないでしょうか。

この20年、活動を続けてきて、社会システム全体が大きく変化することは、決して簡単なことではないと実感しています。でも、社会が変わるのを待つのではなく、心理学やコミュニケーションを活用して、自分自身と身近な人の幸せを増やすことは、今すぐにでも始めることができます。「幸福学の研究では、幸福とは人間関係の質(深さ)で決まる」と前野隆司さんも、お話しされています。コミュニケーションを変え、人間関係の質が変わることで、自分もまわりの人も幸せに感じられることが増えていきます。リーダーが十分に幸せを感じ、周囲の人の幸せを増やせると、協力の輪が広がり、企業や家庭やコミュニティが、あっという間に大きく変化していくさまを、私は数多く見てきました。世の中に、共同体感覚をベースにした幸せを感じられる人が増えれば増えるほど、社会システム全体をも変えていくことができるのではないか、私はそう考えています。

これまで、10冊以上の本を執筆してきましたが、アドラー心理学をメインテーマに語るのは、今回の本が初めてです。アルフレッド・アドラーが創始し、この100年のあいだにさまざまな人が発展させ、影響を受けてきたアドラー心理学を、体系化し実践を重ねてきたこだわりをまとめ、このような形で世の中に出すことができて、本当にうれしく思います。

この本をつくることができたのは、共著者である前野隆司さんのおかげです。エビデンスに基づいた幸福学や現代心理学の観点からの鋭い洞察と、素朴な疑問や的確な切り口の質問があったことで、35年間の臨床現場での事例や技法の本質が、より浮き彫りになりました。まさに臨床現場とアカデミズムの双方で協力することの相乗効果を実感しました。人の紹介でお会いして、出会ったその日から意気投合し、幸せについて深く語り合ったことを覚えています。

その出会いから、何が幸せかは人によって違っても、人を幸せにしたいという人なら誰でも集まれる「Shiawase シンポジウム」を発足することになりました。実行委員会でご一緒し、毎月のミーティングをはじめ、たびたびの温泉合宿。まったく違う経歴からまったく違う人生を歩んできた2人。まったく違う切り口から、幸せとは何かを探究してきた2人が出会い、一緒にプロジェクトに取り組み、このように共著に至ったことに本当に感謝しています。

そして、文中で紹介した事例の多くは、平本式で学び、日々、職場や家庭で、アドラー心理学をベースにしたコミュニケーションを実践している仲間たちの取り組みから着想を得ています。目的論で実際にまわりの人に関わり、現場を変革する人たちの実践結果です。みなさんとともに、切磋琢磨《せっさたくま》する場から、私もたくさんの知恵と勇気をもらっています。本書に掲載させてもらった人も、そうでない人も、全員が、私にとって大切な存在です。この場を借りて、感謝をお伝えします。

最後になりましたが、2020年12月3日にお亡くなりになった、故・野田俊作先生、米国アドラー心理学大学院の先生方、そして、20年前に私が米国から帰国した当時、大変お世話になったヒューマン・ギルドの岩井俊憲先生がいなければ、私が日本でアドラー心理学をベースにしたコーチングやカウンセリングをここまで広く世の中に伝えることはできていません。諸先生方に、深く感謝いたします。

そして、アドラー心理学の創始者、アルフレッド・アドラー氏に敬意の念を表します。

平本あきお

2021年6月

平本あきお（ひらもと・あきお）

メンタルコーチ

1965年生まれ。米国アドラー大学院修士号取得、東京大学大学院教育学研究科修士号（臨床心理）取得。「人が幸せになる、科学的で体系的な方法」を39年間探し求め、世界中のカウンセリング、コーチング、瞑想を統合し、包括的で再現性のあるオリジナルメソッドを開発。大学卒業後、病院での心理カウンセラーや福祉系専門学校の心理学講師を歴任。1995年阪神・淡路大震災で両親を亡くしたことを機に、一念発起して渡米。アメリカでは小学校や州立刑務所、精神科ディケアなどに、コーチングを初めて導入。2001年ニューヨークテロ直後、日本に帰国し起業。北京オリンピック金メダリスト、メジャーリーガーなどのトップアスリートや有名俳優、上場企業経営者をコーチング。産業、医療福祉、教育、政治、スポーツ、芸能など各業界のリーダーや起業家もサポートし、約10万人の研修実績を誇る。著書に『引き出す力』（山﨑拓巳との共著）（ビジネス社）、『フセンで考えるとうまくいく』（現代書林）などがある。

前野隆司（まえの・たかし）

慶應義塾大学大学院システムデザイン・マネジメント研究科教授、ウェルビーイングリサーチセンター長

1962年生まれ。東京工業大学理工学研究科機械工学専攻修士課程修了後、キヤノン株式会社でカメラやロボットの研究職に従事したのち、慶應義塾大学教授に転ずる。ロボット工学に関連した人工知能の研究途上で、人間の意識に関する仮説「受動意識仮説」を見いだす。現在はヒューマンインターフェイス、ロボット、教育、地域社会、ビジネス、幸福な人生、平和な世界のデザインまで、さまざまな研究をおこなっている。著書に『無意識の整え方―身体も心も運命もなぜかうまく動きだす30の習慣』『無意識と対話する方法』（保井俊之との共著）『古の武術に学ぶ　無意識のちから』（甲野善紀との共著）『無意識がわかれば人生が変わる』（由佐美加子との共著）（以上ワニ・プラス）、『脳はなぜ「心」を作ったのか―「私」の謎を解く受動意識仮説』（筑摩書房）、『幸せのメカニズム　実践・幸福学入門』（講談社現代新書）などがある。

アドラー心理学×幸福学でつかむ！
幸せに生きる方法
2021年8月10日　初版発行
2022年4月25日　4刷発行
著　者　平本あきお　前野隆司
発行者　佐藤俊彦
発行所　株式会社ワニ・プラス
〒150-8482
東京都渋谷区恵比寿4-4-9　えびす大黒ビル7F
電話　03-5449-2171(編集)
発売元　株式会社ワニブックス
〒150-8482
東京都渋谷区恵比寿4-4-9　えびす大黒ビル
電話　03-5449-2711(代表)
ブックデザイン　前橋隆道　千賀由美
編集協力　古田靖
協力　中田久美子
DTP　小田光美
印刷・製本所　中央精版印刷株式会社

ISBN978-4-8470-7046-4
ワニブックスHP　https://www.wani.co.jp